마음의
알고리즘

++++++++
일도 관계도 술술 풀리는
35가지 심리 법칙

양곤성
지음

마음의
알고리즘

달콤북스

당신의 잘못이 아닙니다
잠깐 마음이 고장났을 뿐입니다

"당신은 행복한 사람인가요?"

이 질문에 자신 있게 '네'라고 대답하는 사람은 많지 않을 것이다. 나라면 자신 있게 이렇게 대답할 것이다.

"아니요."

나는 불행한 사람에 가깝다. 사람을 사귈 때도, 일을 할 때도 최악의 결말을 먼저 생각한다. 무언가를 시작하기에 앞서 엉망진창인 미래가 머릿속에 떠오른다. 스트레스는 평생의 동반자다. 이런 성격이니 행복보다는 불안을 느낄 때가 더 많다. 그래서일

까? 어린 시절부터 막연하게 '내 인생의 목표는 행복이어야겠다'고 생각했다. 어떻게 하면 행복해질 수 있을지, 나름의 고민을 거듭해왔다.

고민이 시작된 지 긴 시간이 흘렀다. 마음처럼 흘러가지 않는 삶에 때로는 좌절했지만, 고생을 보답할 성과도 있었다. 오랜 시행착오 덕에 깨닫게 된 행복의 법칙들이 꽤 많다. 그중 하나가 바로 '마음에도 알고리즘이 있다'는 사실이다.

알고리즘은 최근 유튜브를 통해 우리에게 익숙해진 단어다. 유튜브는 자신만의 알고리즘으로 우리의 시청 패턴을 분석해서, 우리가 좋아할 만한 것들로 피드를 채워준다. 그런데 이 알고리즘이란 건 정확히 무엇일까?

알고리즘은 쉽게 말해 문제가 발생했을 때 그것을 처리할 방법을 순서대로 정리한 것이다. 목이 마를 때를 한번 생각해보자.

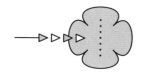

목이 마르다 → 물을 컵에 따른다 → 물이 아주 뜨겁다 →
잠시 기다리며 식힌다 → 물이 미지근해졌다 → 물을 마신다

이렇게 우리가 숨 쉬듯 자연스럽게 처리하는 기본적인 행동들에도 알고리즘이 작동하고 있다.

만약 삶의 문제들을 이렇게 간단한 알고리즘을 통해 차근차근 해결해갈 수 있다면 얼마나 좋을까? 하지만 우리는 언제나 여러 가지 일을 한꺼번에 처리해야 한다. 출근 준비를 하며 오늘의 일정을 머릿속으로 정리해야 하고, 일을 하며 오늘 아침 목소리가 좋지 않았던 가족의 건강을 걱정해야 할 때도 있다. 때로는 전혀 예상치 못했던 새로운 사건이 발생해서 머리를 아프게 만들기도 한다.

그럴 때 우리의 알고리즘은 가끔 고장난다. 잠시 기다리며 물을 식히는 과정에 오류가 생겨서 뜨거운 물에 혀를 데기도 하고, 물을 마시는 일에 오류가 생겨서 기껏 컵에 따라둔 물을 잊어버

린 채 하루를 보내는 일도 허다하다. 고장난 기계처럼 해야 할 일을 잊어버린 채 삐걱거리고, 그 결과 주변에서 우리를 기다리고 있는 사소한 행복들을 놓치고 만다.

그런데 우리는 왜 마음이 고장날 때마다 "내 능력이 부족해서 그런 거야", "내가 나약해서 그런가 봐"라고 말하며 스스로를 탓하기 바쁠까? 마음이 아프고 삶이 불행하게 느껴지는 건, 당신이 못나고 부족해서가 아니다. 당신의 마음이 복잡한 경험과 감정들을 처리하느라 잠시 고장났을 뿐이다.

컴퓨터를 사용할 때를 생각해보자. 컴퓨터는 여러 가지 프로그램을 한꺼번에 열 때 버벅거리기도 하고, 사양에 맞지 않는 프로그램을 실행하면 꺼져버리기도 한다. 당신의 마음도 마찬가지다. 동시다발적으로 벌어지는 수많은 사건들을 처리하려다 보면 잠시 버벅거리기도 하고, 아직은 감당할 수 없는 크기의 사건이 닥치면 번아웃이 찾아오기도 한다. 이럴 땐 어떻게 해야 할까? 컴퓨터가 고장나면 원인을 찾고 수리를 해야 하는 것처럼, 마음

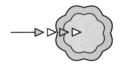

의 고장 원인을 찾고 고쳐주면 된다.

그 원인을 찾는 과정이 바로 마음의 알고리즘을 아는 일이다. 상처 입은 스스로를 탓하지 않기 위해, 일상의 사소한 행복을 놓치지 않기 위해 우리는 마음이 어떻게 작동하는지 알아야 한다. 이 책은 그런 마음의 알고리즘을 알려주는 재미있는 심리 실험들로 가득 채웠다. 심리 실험을 통해 밝혀진 인간 마음의 법칙을 알면, 삶이 힘들 때 어떻게 헤쳐 나가야 하는지가 더 선명하게 보이기 시작할 것이다.

인간은 끊임없이 미래를 걱정하고 불안을 느끼도록 설계되었다. 즉, 우리 마음의 기본값은 '불안과 불만족'이다. 끝없는 불안과 불만족이 우리의 행복을 방해한다. 혹시 당신이 '나는 왜 이렇게 불행할까?' 고민하고 있다면 이 말을 전하고 싶다.

"다른 사람이 행복해 보이는 이유는 모두 지나가는 사람이기 때문이다. 사실 모두들 당신처럼 가끔 행복하고, 가끔 불행하다.

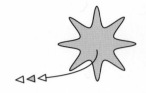

그러니 걱정하거나 초조해할 필요 없다. 당신도 나도 꽤 괜찮은 사람이니까.”

이 사실을 깨달은 순간 내 마음에 큰 위안이 찾아왔다. 만약 이 책을 손에 든 당신도 나와 같은 마음이라면, 책을 읽으며 불행에 지친 당신의 마음이 조금쯤 편안해졌으면 좋겠다. 그렇게 될 수 있다면 내 마음의 알고리즘에도 파란불이 켜질 것이다.

끝으로 부족한 글을 다듬고 꾸며주느라 땀 흘리신 이부연 대표님과 윤다희 편집자님께 감사의 말씀을 드린다.

차례

머리말 당신의 잘못이 아닙니다 잠깐 마음이 고장났을 뿐입니다

제1장 관점을 바꾸면 찾기 쉬운 행복의 알고리즘

만족스러운 쇼핑이 영원히 불가능한 이유   15

마음이 슬플수록 쇼핑에 몰두한다   21

행복은 불만을 낳고 불행은 감사를 낳는다   26

모든 감정에는 유통기한이 존재한다   31

영원한 행복은 없지만, 꾸준한 행복은 있다   37

로또 당첨자와 일반인의 행복도가 똑같은 이유   41

잘사는 나라의 국민이 반드시 행복하지는 않다   45

연봉이 너무 높으면 불행해지는 이유   49

제2장 **쉽게 상처받지 않는 자존감의 알고리즘**

실패해도 좌절하지 않는 사람이 되는 방법　　　　57

타인의 무례한 말을 허락하지 마라　　　　65

불행한 사람들은 성공해도 불행하다　　　　69

내가 나를 좋아해야 상처받지 않는다　　　　77

커다란 꿈을 경계해야 하는 이유　　　　81

자신감은 사라져도 자존감은 평생 간다　　　　86

나를 아끼는 건 마음보다 행동으로　　　　91

제3장 **타인이 편해지는 관계의 알고리즘**

배려는 지능이다　　　　97

진통제는 관계의 통증도 잡아준다　　　　102

첫인상만 신경 써도 반은 성공이다　　　　108

말주변이 없어도 좋은 관계를 맺는 방법　　　　113

6가지 규칙만 지켜도 관계가 가까워진다　　　　118

인간관계 파탄내는 사람들이 가진 습관　　　　122

제4장 **좋은 인연이 찾아오는 사랑의 알고리즘**

사랑에도 불변의 법칙이 있다   129

얼굴만 자주 비춰도 매력이 생긴다   132

호감은 보여줘야 할까, 감춰야 할까   136

가식적인 웃음을 간파하는 방법   144

한 번의 만남으로 사랑에 빠지는 이유   149

깊은 관계를 만드는 마법의 대화법   155

이혼을 예측하는 수학 공식   162

제5장 **인생이 풍요해지는 성장의 알고리즘**

노력이 삶을 허무하게 만들 수도 있다   171

행복도 저축할 수 있다   176

조금 덜 행복한 사람이 되어야 한다   182

싫어하는 일을 해야 더 행복해지는 이유   186

즉흥적인 도전이 삶의 만족도를 높인다   194

매일 행복하진 않지만, 행복한 일은 매일 있다   197

행복은 찾아오는 것이 아니라 찾아내는 것이다   202

참고 문헌   204

관점을 바꾸면
찾기 쉬운
행복의 알고리즘

만족스러운 쇼핑이 영원히 불가능한 이유

—

16년 후의 쇼핑 목록 확인 실험

"지금 가장 갖고 싶은 물건이 무엇인가요?"

루이비통, 샤넬, 에르메스의 가방, 구두, 최신 아이폰, 아이패드, 맥북…. 이 물건들이 당장 내 손에 들어온다면 얼마나 짜릿할까요? 누구에게나 물건을 가지고 싶은 욕망은 강렬합니다. 남녀노소를 불문하고 쇼핑의 욕망에서 자유로운 사람은 거의 없습니다. 우리가 쇼핑에 사로잡힌 이유는 이 욕구를 마음껏 채워본 경험이 한 번도 없기 때문일 겁니다. 그렇다면 여기서 즐거운 상상을 한번 해봅시다. 갑자기 당신이 사우디 왕가의 일원이 된 겁니다. 당신에게는 그들만이 가질 수 있는 '울트라 플래티넘 익스프레스 카드'가 주어졌습니다. 이제 장바구니에 넣은 모든 물건을 살 수 있습니다. 더 이상 뭘 사야 할지 모를 만큼 아주 시원하게 지르고 또 지릅니다. 잠깐의 상상만으로도 얼굴에 미소가 떠오릅니다.

그럼 이제 질문을 한번 던져보죠.

"이제 당신은 충분히 만족했을까요? 아니면 여전히 불만족스러울까요?"

이 질문의 답을 간접적으로 보여주는 흥미로운 실험을 소개해 드리겠습니다. 캘리포니아 대학의 경제학자 리처드 이스털린 Richard Ainley Easterlin은 1978년 성인들을 대상으로 재미있는 설문조사를 합니다.[1] 이스털린은 우선 TV, 자전거, 책상, 자동차, 옷 등 다양한 상품이 적혀 있는 목록을 실험 참가자들에게 주었습니다. 그리고 이 상품이 '이미 가지고 있는 것'인지 '앞으로 가지고 싶은 것'인지 체크하도록 합니다.

이스털린은 이 상품 목록을 소중하게 간직합니다. 무려 16년이나요. 16년 후 같은 참가자들을 다시 불러 똑같은 목록을 주고선 다시 한번 이 상품들이 '이미 가지고 있는 것'인지 '앞으로 가지고 싶은 것'인지 체크하도록 합니다. 그리고 간직했던 16년 전의 목록과 현재의 목록을 비교합니다.

대부분의 실험 참가자들은 16년 전에는 '앞으로 가지고 싶은 것'에 체크했던 물건을 구입해서 가지고 있었어요. 그래서 이번에는 '이미 가지고 있는 것'에 체크하게 되었지요. 그런데 재미있는 것은 16년 전 목록에서 '이미 가지고 있는 것'에 체크했던 물건이 16년 후에는 '앞으로 가지고 싶은 것'에 체크한 물건이 된 점입니다. 16년이 또 한 번 흘러도 같은 결과가 반복되리라는 것을 짐작하실 수 있을 겁니다.

이 조사는 '쇼핑에 완전히 만족하는 일은 일어나지 않는다'는 사실을 알려줍니다. 만약 당신이 새 아이폰을 얻어도 쾌감은 곧 하락해요. 그래서 루이비통 가방에 눈을 돌리지요. 가방을 얻으니 이제는 최신 노트북이 보이네요. 모든 쇼핑이 끝나면 이제 완전한 만족에 다다를까요? 아니요. 더 이상 살 것이 없어진 당신은 다시 출발선으로 돌아옵니다. 어느새 최신 스마트폰을 검색하는 자신을 발견하게 되는 것입니다.

쇼핑은 정말 행복한 일이지만 쇼핑을 향한 집착은 오히려 행복을 방해합니다. 쇼핑에서 얻게 되는 만족에 끝은 없기 때문입니다. 돌고 돌아 다시 제자리로 돌아올 뿐이지요. 1990년대 후반 영국 심리학자 마이클 아이센크Michael Eysenck는 이렇게 빙글빙글 제자리를 돌기만 하는 인간의 물질적 욕망에 멋진 이름을 붙였어요. 그리고 이를 이론으로 만들어냈죠.

'쾌락의 쳇바퀴 이론 hedonic treadmill theory'

우리는 쳇바퀴를 영원히 돌리고 돌려도 목적지에 다다를 수 없어요. 그저 제자리를 맴돌 뿐이지요. 인간은 끊임없이 물질적 욕망을 추구하지만 만족은 잠시뿐이에요. 아주 짧은 만족의 순간이 지나면 곧 또 다른 물건을 찾아 달린다는 것이 쾌락의 쳇바퀴 이론입니다.

현대인이라면 대부분 쇼핑 쾌락의 쳇바퀴를 돌리며 살고 있습니다. 쇼핑 쾌락의 쳇바퀴에 너무 집착하다 보면 어떻게 될까요? 집착하며 물건을 사들이지만 불만족은 쌓여만 가는, 그래서 더욱 물건에 집착하는 '물질주의Materialism'에 빠지게 됩니다. 물질주의란 사람, 사랑, 우정 같은 무형의 가치보다는 물질과 돈을 최고의 가치로 여기는 신념입니다. 높은 물질주의 성향을 가진 사람은 인간관계에서 만족감을 못 느끼고, 삶의 만족도가 떨어지고, 행복에도 무뎌진다고 합니다.[2]

그렇다면 나의 물질주의 성향을 한번 확인해볼까요? 다음 문항[3]을 보고 각 문항마다 1~5점까지 점수를 매겨주세요. 1점은 '전혀 그렇지 않다', 2점은 '그렇지 않다', 3점은 '보통이다', 4점은 '그렇다', 5점은 '매우 그렇다'입니다. 점수를 매긴 후에는 모두 더해서 총점을 내주세요.

1 비싼 집과 차, 옷을 가진 사람을 보면 부럽다.

2 내가 소유한 물건들이 '내가 인생을 얼마나 잘살고 있는지'에 관해 많은 것을 말해준다.

3 사람들이 감탄할 만한 물건을 갖고 싶다.

4 나는 실용적이지 않은 물건을 사는 것을 좋아한다.

5 물건을 사는 일은 내게 큰 기쁨을 준다.

6 내 삶이 아주 호화로웠으면 좋겠다.

7 지금 내가 가지지 못한 어떤 것을 갖게 된다면 삶이 더 나아질 것이다.

8 더 많은 것을 살 수 있는 형편이 된다면 더 행복해질 것이다.

9 좋아하는 모든 것을 살 형편이 못 된다는 사실이 상당히 괴로울 때가 있다.

이 척도는 미국 미주리 대학의 마샤 린친스Marsha L. Richins가 만든 물질주의 성향 척도입니다. 린친스가 미국인을 대상으로 척도를 적용한 결과, 미국인 평균 점수는 45점 만점에 26.2점이었습니다. 36점 이상은 미국에서 상위 20% 안에 드는 수준이라고 해요. 내 총점은 어느 정도에 위치해 있나요?

만약 36점 이상이라면 쾌락의 쳇바퀴에 대해 한번 생각해보시길 권합니다. 일단 쾌락의 쳇바퀴를 돌리기 시작하면, 발을 구르는 데 집중하느라 그 외의 다른 것에는 신경을 쓰지 못하게 됩니다. 인생에서 소중한 다른 요소들을 대가로 지불하는 셈이지요. 그런데 숨이 차도록 발을 굴러도, 쳇바퀴의 특성상 결국 다시 처음으로 돌아올 뿐입니다. 만족감을 채우기 위해 돌렸던 쳇바퀴가 더 많은 걸 잃게만 만드는 겁니다. 쳇바퀴를 향한 집착이 심할 경우 가족, 친구들과 멀어질 수도 있고, 행복에 대한 감수성도 낮아집니다. 이렇게 보면 물건에 집착하는 일은 정말 손해 보는 장사 아닐까요?

Key point —————————————————————————————
많은 것을 탐하면 항상 많은 것을 잃어버린다.

마음이 슬플수록 쇼핑에 몰두한다

―

쇼핑과 감정의 연관성 실험

쇼핑은 정말 즐거운 활동이지요. 그래서 우리는 쇼핑이 기쁨, 행복 등 즐거운 감정들과 관련이 깊으리라 생각합니다. 그런데 많은 심리학자는 엉뚱한 감정이 쇼핑과 연관성이 깊다고 이야기합니다.

"쇼핑은 슬픔, 불안, 우울 같은 부정적인 감정들과 관련이 깊다."

지금 '쇼핑하면 얼마나 기분이 좋은데, 불안, 우울, 슬픔과 더 관련 있다니 말도 안 돼!'라고 생각했지요? 그렇다면 제가 지금 소개해 드리는 심리학 실험을 눈을 크게 뜨고 봐주세요.

미국 카네기멜론 대학의 신시아 크라이더Cynthia Cryder는 사람의 감정이 쇼핑에 어떤 영향을 미치는지 알아보기 위해 재미있는 실험을 설계했습니다.[1] 13명의 여성과 20명의 남성, 총 33명의 실험 참가자에게 화려하고 예쁜 물병을 직접 판매하는 실험입니다.

크라이더는 물병을 팔기 전, 실험 참가자들을 두 그룹으로 나눠 A 그룹에는 한 소년이 사랑했던 스승이 죽는 슬픈 영화를 보여주고, B 그룹에는 호주 산호초 지대에 관한 내셔널지오그래픽 다큐멘터리를 보게 했습니다. 당연하게도 영상을 시청한 뒤 A 그룹은 슬픔을 느꼈지만, B 그룹의 감정에는 아무런 변화가 없었습니다.

영상 시청 후 크라이더는 참가자에게 물병을 팔기 시작합니다. 일대일로 팔았고, 가격은 어느 정도 흥정이 가능했습니다. 즉, 모든 참가자들은 각자 다른 가격으로 물병을 구입할 수 있었던 것이지요. 그럼 잠시 책을 덮고 예상해봅시다. 과연 어느 쪽이 물병 쇼핑에 돈을 더 많이 썼을까요?

쇼핑과 긍정적인 감정이 연관되어 있다면, 슬픔을 느끼지 않았던 B 그룹이 돈을 더 많이 써야 하겠지요. 하지만 결과는 정반대였습니다. 슬픔을 느꼈던 A 그룹이 B 그룹보다 물병을 구매하는 데 더 많은 돈을 썼습니다. 그것도 무려 평균 4배의 돈을 더 많이 썼다고 합니다. 판매가 끝난 후 참가자들을 대상으로 인터뷰를 진행한 크라이더는 또 하나의 새로운 사실을 발견합니다.

'영화에 감정 이입하여 더 깊은 슬픔을 느낄수록 더 높은 가격에 물병을 사게 된다.'

흥미로운 결과이지요? 그런데 이런 사실을 발견한 것은 크라이더만이 아닙니다. 슬픔, 우울, 불안 등의 부정적 감정을 느낄 때 충동구매가 늘어난다는 연구는 많습니다. 충동구매가 심한 사람 중 많은 수가 우울, 불안 증세가 있다는 연구들도 있습니다.[2,3] 그렇다면 왜 슬플 때 더 적극적으로 쇼핑에 나서게 될까요? 이를 알아보기 위해 크라이더는 A 그룹을 대상으로 설문조사와 추가 면접을 진행했어요. 이를 통해 크라이더가 얻은 결론은 아래와 같습니다.

슬픔에 감정이입

우울감으로 인한 자기 가치감 하락

나의 가치를 높이고 싶은 욕구

쇼핑으로 내 가치를 높이는 욕구 실현

슬픈 영화는 우울한 감정을 불러일으킵니다. 이 우울한 감정으로 인해 자기 가치감이 낮아지고, 가치를 높이고 싶은 욕구가 생겨납니다. 이 욕구를 채우기 위해 쇼핑에 몰두하게 된다는 것이 크라이더의 결론이었습니다. 부정적 감정에서 벗어나기 위해, 내 가치를 채우기 위해, 쇼핑이라는 도구를 이용하는 것이지요. 즉, 무언가를 원하는 것이 아니라 무언가에서 벗어나려는 간절한 욕구가 쇼핑의 본질일 수도 있습니다.

최신 아이폰, 맥북, 몽클레어, 샤넬, 에르메스…. 우리는 이 물건들을 왜 가지고 싶어 할까요? 이 물건들이 정말 삶에 중요하고 없으면 불편하기 때문일까요? 다음 질문들을 읽으면서 한번 자신의 마음을 살펴봅시다.

혹시 필요 없어도 남들에게 보여주기 위해 물건을 산 적 있나요? 내 물건을 친구들이 감탄하고 부러워할 때 자신이 멋지다고 생각한 적 있나요? 혹은 내가 가진 물건이 나의 수준을 보여준다고 생각해본 적 있나요?

정도의 차이는 있겠지만 고개를 끄덕일 부분이 많지요? 아이폰을 사면 기분이 좋은 데에는 여러 이유가 있지만, 그중에는 아이폰이 자신을 최신 트렌드에 밝고 감각 있는 사람으로 보이게 하리라는 기대감도 있을 겁니다. 즉, 쇼핑이 주는 쾌감의 심리적 본질 중 한 가지는 이것입니다.

"내가 가진 물건이 내 가치를 높인다."

이 본질을 이해했다면 유행하는 물건을 가지지 못했을 때 오는 불안감의 정체도 알 수 있어요. 그 정체란 '저 물건이 없으면 남들에게 못난 사람으로 보일 거야'라는 걱정과 초조함입니다.

하지만 우리는 모두 알고 있습니다. 저 물건이 없다고 나의 가치가 떨어질 일은 없다는 것을요. 반대로 저 물건이 있다고 내 가치가 올라갈 일도 없지요. 진정한 나의 가치는 아픈 가족을 걱정하는 마음, 힘든 친구에게 건네는 도움의 손길, 졸린 눈을 비비며 출근하는 노력에 있습니다.

내 성품의 가치는 영원하지만, 물건의 가치는 오래가지 않습니다. 스마트폰이나 명품으로 '내가 대단해졌다'라는 느낌을 받아도 잠시뿐, 곧 신상이 나오면 다시 불안이 찾아오게 됩니다. 결국 물건은 낡고 해어지면 사라질 뿐, 나 자신이 될 수 없으니까요.

Key point ————————————————————————

적당한 쇼핑 욕구는 자연스러운 일이다.
하지만 과도한 쇼핑 욕구가 계속된다면
내면의 공허함을 살펴볼 필요가 있다.

제1장 관점을 바꾸면 찾기 쉬운 행복의 알고리즘

행복은 불만을 낳고 불행은 감사를 낳는다

로또 당첨자와 전신마비 사고 희생자의 행복 비교 실험

'만약 애인과 헤어진다면, 친구가 날 싫어한다면, 이번 시험을 망친다면, 승진에 실패하면, 누군가가 내 비밀을 알아챈다면… 내 인생은 끝이야. 평생 불행할 거야.'

누구에게나 '절대로, 절대로 벌어지지 않았으면…' 하는 일들이 있습니다. 생각만 해도 끔찍해 밤잠을 못 이루기도 하지요. 이번에 소개해 드릴 심리 실험은 우리가 상상할 수 있는 가장 큰 불행이 현실로 닥친 사람들의 이야기입니다. 사고로 인해 팔다리를 잃거나 심지어 전신마비 같은 장애를 갖게 된 사람들이 주인공입니다. 심리학에서 행복을 이야기할 때 빠지지 않는 기념비적인 이 연구는 제목부터 아주 흥미진진합니다.

〈로또 당첨자와 장애를 갖게 된 사고 희생자: 행복은 상대적인 가?[1] *Lottery Winners and Accident Victims : Is Happiness Relative?*〉

미국 노스웨스턴 대학의 심리학자 필립 브릭먼Philip Brickman은 행복에 어떤 조건이 필요할지 궁금했습니다. 행복에는 누구나 동의하는 절대적 조건(돈, 좋은 집, 멋진 차 등)이 중요할까? 아니면 절대적 조건과 관계없이 사람에 따라 행복을 느끼는 조건이 상대적으로 다를까?

이 질문에 대답하기 위해 브릭먼은 가장 행복할 것 같은 사람들과 가장 불행할 것 같은 사람들을 찾아 비교하기로 했습니다. 전자는 로또 당첨자들이었고 후자는 사고로 인해 장애를 갖게 된 희생자들이었지요.

실험에 참가한 희생자들은 굉장히 심각한 사고 후유증을 앓는 환자들이었어요. 팔, 다리에 심각한 장애를 갖게 된 사람부터 하반신 마비, 심지어 전신마비 환자도 있었습니다. 잠시 상상해봅시다. 만약 여러분이 내일부터 걷지 못한다면? 치킨, 라면을 다시는 내 손으로 먹을 수 없다면? 매일 누군가가 내 몸을 씻겨줘야만 한다면? 누군가의 도움 없이는 화장실조차 갈 수 없다면? '평생 다시는 행복하지 못해'라는 생각이 들 만큼 끔찍한 일이지요.

브릭먼은 행복도를 측정하기 위해 이 사고 희생자들과 로또 당첨자들에게 똑같은 질문을 던졌습니다.

　1번. 지금 얼마나 행복합니까?
　2번. 앞으로 당신은 얼마나 행복할까요?

　1번 질문에는 누가 더 행복하다고 대답했을까요? 예상대로 로 또 당첨자들(5점 만점에 4점)이 사고 희생자들(5점 만점에 2.96점)보 다 훨씬 행복도 평균 점수가 높았어요.

　그렇다면 2번 질문에는 어떻게 답했을까요? 놀랍게도 미래의 행복에 대해선 로또 당첨자, 사고 희생자들의 예상치가 비슷했 습니다. 심지어 미세하지만 사고 희생자들(4.32점)이 로또 당첨자 (4.2점)들보다 미래에 더 행복할 것이라고 대답했습니다. 로또 당 첨자들보다 미래를 더 희망차게 보는 희생자들이라니. 정말 이 상하지요? 이어지는 내용은 더욱 신기합니다.

　브릭먼은 이 이상한 결과를 분석하기 위해 추가 질문을 준비 했습니다.

　'이럴 때 얼마나 행복하세요?'

　브릭먼은 로또 당첨자들과 사고 희생자들에게 친구와 수다 떨

때, 텔레비전 볼 때, 맛있는 아침을 먹을 때, 재밌는 농담을 들을 때, 잡지나 책을 읽을 때, 옷 살 때(로또 당첨자에게 이 질문은 제외), 누군가에게 칭찬을 들을 때 얼마나 행복한지 물었어요. '지금 행복하시나요?'라는 질문보다 일상의 행복을 더 실질적으로 측정하기 위한 질문이었습니다.

결과는 참 놀라웠어요. 비록 미세하지만 사고 희생자들의 평균 점수(3.48점)가 로또 당첨자들(3.33점)보다 더 높았습니다. '현재 행복한가요?'라는 질문에는 로또 당첨자들이 더 행복하다 답했지만 친구와 수다 떨 때, 맛있는 것을 먹을 때 등 일상에서의 사소한 일에 더 큰 행복을 느끼는 쪽은 사고 희생자였습니다. 정말 이상합니다. 결국 둘 사이의 행복도는 과학적으로, 통계적으로 별 차이가 없었습니다. 브릭먼은 실험을 바탕으로 이런 결론을 내립니다.

"로또 당첨자와 사고 희생자 모두 굉장히 행복하거나, 엄청나게 불행하지 않다."

브릭먼만 이런 현상을 발견한 것은 아니었습니다. 지능발달이 더딘 사람, 선천적 기형아, 심지어 맹인까지, 당연히 매우 불행할 것 같은 사람들의 행복도도 보통 사람과 별 차이가 없다는 걸 알아낸 연구자도 있었습니다.[2] 모두, 상식과는 무척 동떨어진 결과입니다. 무엇이 이들을 엄청 행복하거나, 굉장히 불행하지 않도록 만들었을까요?

그 비밀은 바로 '시간'이었습니다. 브릭먼이 조사한 시점은 사람들이 모두 로또에 당첨된 지, 장애를 갖게 된 지 한참의 시간이 흐른 뒤였지요.

애인과 헤어진다면, 시험을 망치면, 가정에 불행이 찾아오면, 직장 상사가 괴롭히면, 승진에 누락되면 정말 힘들 거예요. 괴로움에 잠이 안 올 수도 있습니다. 아무리 '괜찮을 거야'라고 긍정의 최면을 걸어도 잠시일 뿐, 아픔은 사라지지 않을 거예요. 어쩌면 이 책을 읽고 있는 지금 이 순간 정말 많이 아플지도 모릅니다. 그런 여러분에게 '별것 아니야, 다 잘 될 거야'라고 섣부른 위로를 드릴 수는 없겠지요. 그건 거짓말이거든요. 다만 이것 하나만은 확실히 말씀 드릴 수 있습니다.

'너무 걱정하지 마세요. 당신은 곧 다시 웃을 수 있을 거예요.'

Key point ──────────────────────────

이것 또한 지나가리라.

모든 감정에는 유통기한이 존재한다

심리적 면역체계 이론

시간이 우리의 아픔을 치유할 수 있는 이유에 대해 조금 더 자세히 알아봅시다.

'만약 시험을 망친다면, 애인과 헤어지면, 이번 취업에 실패하면, 직장에서 잘리면…. 내 인생은 끝장이야.'

인생에는 큰 파도가 예고 없이 찾아옵니다. 파도를 온몸으로 맞으면 힘들고, 고통스럽습니다. 더는 앞이 보이지 않고, 이제 모든 것이 끝났다는 생각이 듭니다. 그 고통의 무게를 함부로 판단해선 안 됩니다. 각자의 힘듦은 타인이 재단할 수 없으니까요. 다만 제가 확언 드릴 수 있는 것은 '인생이 끝장나는 일'은 없다는 것입니다. 그 어떤 나쁜 일이 나를 덮쳐도 '평생' 불행에 빠져 허덕이는 일은 없어요. 심지어 몸에 장애가 생길지라도요.

아무리 큰 재앙을 겪은 사람도 결국 시간이 지나면 보통 사람과 비슷한 행복을 느끼며 살아간다는 것은 많은 심리학자가 확인한 사실입니다. 그렇다면 왜 이런 일이 일어나는 걸까요? 하버드 대학의 심리학자 대니얼 길버트Daniel Gilbert는 이 질문에 두 가지 이유를 답합니다.

우리가 평생 슬퍼할 수 없는 첫 번째 이유는 슬픔에 '유통기한'이 있기 때문입니다. 5년을 만난 남자친구와 헤어진 민영 씨는 이렇게 생각합니다. '앞으로 결혼은 힘들 거야. 어떻게 또 새로운 만남을 시작할 수 있겠어. 내 인생은 끝났어.' 충격을 받은 후, 절망의 늪에 빠지는 일은 매우 자연스러운 현상입니다. 그런데 길버트는 이 절망의 늪을 무척 냉정하게 분석합니다.

"인간은 비극적인 사건이 초래하는 슬픔에 대해 꽤 과장하고 과대평가한다. 또한 그 슬픔이 엄청나게 긴 시간 동안 지속될 거라고 착각한다."

인간은 슬픈 일을 겪고서는 앞으로 영원히 이 일이 머릿속에서 맴돌 거라고 여기는 경향이 있습니다. 하지만 삶은 생각보다 정신없이 지나가는 법이지요. 친구들과의 술자리, 새롭게 시작한 취미, 처음 가입한 동호회, 직장에서 새로 시작된 프로젝트 등 금세 새로운 이벤트가 우리 앞에 정신없이 펼쳐집니다.

지금 슬픔을 겪고 있다면 꼭 기억해주세요. 곧 생각하지 못한 사건들이 찾아올 것이고, 그것들이 여러분을 귀찮게, 바쁘게, 몰두하게, 때론 다시 기쁘게 만들어줄 거예요. 그 사이에 당신의 고통도 서서히 옅어질 것입니다.

길버트가 말하는 당신이 어떤 슬픔에서도 빠져나올 수 있는 이유 두 번째. 마음에는 슬픔을 극복하는 강한 힘이 존재합니다. 그런데 대부분은 이 힘을 얕잡아 보거나 심지어 존재조차 모른다고 합니다. 길버트는 이 힘을 '심리적 면역체계psychological immune system'라고 이름 붙였습니다.

문손잡이, 화장실 변기, 지하철 손잡이 등 우리 주변에는 셀 수 없이 많은 세균이 있습니다. 하루 평균 수만 마리의 세균이 눈, 코, 입을 통해 우리 몸으로 침입한다고 하지요. 하지만 우리는 웬만해서 병에 걸리지 않습니다. 속눈썹, 코털, 침, 백혈구 등이 세균들을 막아주는 덕분이지요. 이것들을 통틀어 인간의 면역체계라 부릅니다.

제1장 관점을 바꾸면 찾기 쉬운 행복의 알고리즘

길버트는 몸처럼 마음에도 면역체계가 있다고 말합니다. 심리적 면역체계는 우리가 슬픔과 절망에 너무 깊이 빠져 기력을 잃거나, 건강이 나빠지거나, 죽고 싶다는 생각이 들지 않도록 우리를 보호해줍니다. 심리적 면역체계를 잘 보여주는 유명한 이야기를 소개해 드릴게요.

북쪽 변방에 한 노인이 살고 있었다. 어느 날 노인이 기르던 말이 도망가자 사람들은 "말이 도망가서 어째요"라고 위로했다. 하지만 노인은 "이게 복이 될지 어찌 알겠소"라며 낙심하지 않고 덤덤한 표정을 지었다.

그런데 얼마 후 도망갔던 말이 많은 야생마들을 데리고 노인에게로 돌아왔다. 사람들은 "이제 부자가 되셨구려"라고 축하했다. 이번에 노인은 "이게 화가 될지 어찌 알겠소"라며 덤덤한 표정을 지었다.

그러다 노인의 아들이 새로 온 말을 타고 다니다가 그만 말에서 떨어져 다리를 크게 다쳤다. 아들은 절름발이가 되고 말았다. 사람들은 "아들이 다쳐서 저 지경이 되었으니 어쩌나요"라고 걱정하며 위로했다. 하지만 노인은 "이게 복이 될지 어찌 알겠소"라며 다시 담담한 태도를 보였다.

얼마 후. 오랑캐들이 쳐들어와 많은 남자가 전장에 나가야 했다. 대부분은 전사하고 말았다. 하지만 절름발이 아들은 징집되지 않고 살아남을 수 있었다. 그제야 사람들은 노인이 왜 모든 일에 덤덤했는지를 깨닫고 존경하게 되었다.

새옹지마(塞翁之馬, 변방 노인의 말)란 고사성어 이야기이지요. 이 노인이 고통을 대하는 자세에서 우리는 심리적 면역체계를 발견할 수 있습니다. 우리에게도 있는 이 면역체계가 남자친구와 헤어진 슬픔에서 민영 씨를 구원합니다.

심리적 면역체계는 여러 방법으로 스트레스와 우울, 불안으로부터 우리를 구원합니다. 민영 씨의 경우에는 '그래, 그럴 줄 알았어. 나도 걔랑 결혼하고 싶은 마음 없었어'라는 합리화, '별것 아냐. 그냥 지나가는 일일 뿐인걸? 이별은 그동안 수없이 겪어왔잖아'라는 축소하기, '그래, 더 좋은 놈 만날 거다!'라는 대안 만들기, '그래도 좋은 추억을 만들 수 있었고 배울 점이 많았어. 아무도 안 만났던 것보다는 낫지'라는 좋은 의미 부여하기 등이 있겠지요.

심리적 면역체계는 신체적 면역체계만큼 강력하다고 합니다. 감기, 대장균 등의 세균들이 신체적 면역체계를 뚫지 못하듯 웬만한 슬픔은 심리적 면역체계 앞에 무릎을 꿇습니다.

그래서 '슬픔의 유통기한'과 '심리적 면역체계' 이 두 가지 앞에서 어떤 불행도 결국 쪼그라들고 맙니다. 연인이 날 떠나도, 직장에서 실패해도, 심지어 내가 평생 못 걷게 되는 장애가 생긴다 해도 말이지요.

필요한 것은 어느 정도의 '시간'뿐입니다. 죽을 것처럼 아프더라도 결코 영원히 지속되지는 않을 거예요. 내 마음의 힘을 믿어주세요.

Key point ─────────────────────────────────────

아무리 최악의 상황이 닥치더라도 행복은 다시 찾아온다.

영원한 행복은 없지만, 꾸준한 행복은 있다

—

쾌락적응 이론

'Happily ever after…. 그 이후로 그들은 영원히 행복하게 살았습니다….'

어디서 많이 본 엔딩이지요? 이렇게 끝나는 수많은 동화들이 머리를 스쳐지나갔을 것입니다. 백설공주, 신데렐라, 라푼젤, 흥부와 놀부, 심청전…. 시련을 이기고 기적이 일어난 후 평생 행복하게 살았다는 내용도 서로 비슷합니다. 이 동화는 모두 아이들의 이야기일 수밖에 없습니다. 그 이유는 현실과 동떨어져 있기 때문이지요. 특히 현실과 가장 거리가 먼 것은 '그 후 그들은 영원히 행복하게 살았습니다'라는 결말입니다.

'인생 한 방이야. 내가 로또만 되면, 저 사람이랑 사귄다면, 결혼만 하면, 취직만 하면, 승진만 하면, 저 의사, 판사, 공무원만 되면…. 내 인생은 평생 행복할 거야.'

다들 이런 생각들 한 번쯤 해본 적 있을 것입니다. 그렇지만 아무리 멋진 이벤트가 벌어져도, 그래서 날아갈 것 같이 기뻐도 그 일로 평생 행복할 수는 없습니다. 거창한 심리학 연구를 소개할 필요도 없습니다. 여러분의 삶을 천천히 돌이켜볼까요?

유치원 때 받은 곰돌이 인형 때문에 지금까지 즐거운가요? 중학교 3학년 때 받은 100점 시험지가 여전히 당신을 행복하게 하나요? 몇 년 전 짝사랑하던 사람과 사귀게 되어 하늘을 날 것 같다는 친구, 여전히 날아다니고 있나요? 취업에 성공하여 기쁨에 소리쳤던 나, 지금은 어떤 표정을 짓고 있나요?

서프라이즈 이벤트가 선물한 쾌감과 평생의 행복은 거리가 멉니다. 무엇이든 날 평생 행복하게 해주면 정말 좋을 텐데 아쉽게도 그 어떤 행복도 영원히 지속되지 않습니다. 도대체 왜 우리는 영원히 행복할 수 없게 만들어졌을까요? 이 질문의 답은 놀랍게도 '우리가 영원히 불행할 수 없는 이유'와 똑같습니다.

우리가 영원히 행복해질 수 없는 이유도 '심리적 면역체계'에 있습니다. 심리적 면역체계는 슬픔뿐만 아니라 기쁨에도 작동하기 때문이지요. 슬픔이 영원하지 않듯, 기쁨에도 유통기한이 있습니다. 아무리 기쁜 일이 있어도 시간이 흐른 후 뒤따르는 힘들고 슬픈 일에 묻히게 됩니다. 그리고 기쁨도 합리화, 축소하기, 대안 만들기, 나쁜 의미 부여하기를 거치며 작아집니다. '로또에 당첨되어봤자 강남에 빌딩 하나도 못 사잖아' 같이 기쁨을 축소화하거나 '로또에 당첨되니 사방에서 돈을 빌려달라고 하네. 이것도 마냥 좋은 건 아니구나' 같이 부정적인 면이 갈수록 부각되기도 합니다. 캘리포니아 대학의 심리학자 소냐 류보머스키 Sonja Lyubomirsky는 기쁨에 관한 심리적 면역체계에 '쾌락적응Hedonic adaptation'이라고 이름 붙였습니다.[1]

이러한 심리적 면역체계는 인간의 생존 본능이 만든 것으로 보입니다. 한 가지 감정에만 매몰되어 살다보면 위험에 처하기 쉬우니까요. 슬픔이든 기쁨이든 어떤 강렬한 감정에 오랜 기간 빠져 있다가는 언제 다가올지 모르는 다른 부족의 습격이나 냉정함이 필요한 사냥, 수렵 채집에 불리했을 것입니다.

어쩔 수 없이 우리는 인생 한 방으로 평생 행복해지는 일은 불가능한 미션이라는 것을 인정해야 합니다. 그렇다면 평생 행복해지는 건 영영 불가능할까요? 아니요, 인생 '한 방'으로 평생 행복해지는 것이 불가능하다는 뜻이지, 평생 행복하게 사는 것 자체가 불가능하지는 않습니다. 물론 단 한 번의 좌절도 없이 행복하려는 건 욕심이지요. 하지만 나에게 주어진 행복을 더 자주, 그리고 더 오랜 시간 느끼며 사는 건 가능합니다.

Key point ────────────────────────────

영원한 건 세상에 존재하지 않는다.

로또 당첨자와 일반인의 행복도가 똑같은 이유

—

로또 당첨자의 행복 연구

인생 한 방이라고 하면 가장 먼저 떠오르는 것이 바로 '로또'일 겁니다.

"아, 내 삶은 왜 이렇게 힘들까? 로또만 당첨되면 금방 행복해질 텐데…."

우리는 행복을 돈과 곧잘 연결짓습니다. 대부분의 가치를 돈으로 매기는 우리 사회에서 돈과 행복은 절대로 떼려야 뗄 수 없는 관계이지요. 지금부터 '돈과 행복의 관계'를 꼼꼼히 뜯어보도록 하죠.

걱정하지 마세요. '돈으로는 행복을 살 수 없다!'라는 도덕책

같은 말을 하려는 건 아니니까요. 지금부터 도덕이 아닌 '데이터'에 기반한 돈과 행복에 관한 이야기가 펼쳐집니다. 여기서 질문을 하나 드리겠습니다.

'일평생 행복하기 위해서는 얼마가 필요할까요?'

1억이면 기분 조금 내면서 쓰다 보면 1년도 못 되어 사라져버리겠지요. 10억이 생기면 정말 행복할 거예요. 그렇지만 평생 행복하기에는 모자란 느낌이 들지요. 비싼 차나 아파트는 10억으로 사기에는 무리가 있으니까요. 그렇다면 50억? 이 정도의 돈이면 좋은 집, 차, 옷, 가방을 실컷 산다고 해도 남을 거예요. 은행 이자까지 생각하면 평생 행복할 수 있으리라는 생각이 꿈은 아닐 겁니다. 하늘에서 수십억이 떨어지는 행복한 상상, 만약 내게 벌어진다면 평생 행복할 수 있겠지요?

그런데 이 믿음을 의심한 심리학자가 있습니다. 앞서 '감정에도 유통기한이 있다'는 심리적 면역체계를 밝혀냈던 하버드 대학의 심리학자 대니얼 길버트Daniel Gilbert입니다. 그는 '돈벼락을 맞은 사람은 평생 행복하다'라는 말이 진실인지 실제로 검증하고 싶었습니다. 이를 위해 길버트는 돈벼락을 맞은 사람들을 찾았습니다. 그리 어렵지 않았지요. 매주 TV에서 돈벼락을 맞는 사람을 생중계해주었으니까요. 길버트는 바로 로또 당첨자들을 찾아 조사했습니다.

　모두의 예상대로 수십억 돈벼락을 맞은 사람들의 행복도는 엄청나게 치솟았다고 합니다. 그런데 의심 많은 길버트가 정말 궁금했던 것은 '치솟은 행복이 얼마나 지속될까?'였습니다. 수십억이 로또 당첨자들을 평생 행복하게 해주었을까요? 평생은 힘들더라도 적어도 수십 년은 행복하게 살 수 있었겠지요? 그런데 결과는 모두의 예상을 벗어났습니다.

'3개월'

　돈벼락이 가져다주는 행복은 고작 3~6개월이었습니다. 이 짧은 시간 후엔 행복도가 로또 당첨 전과 비슷한 수준으로 내려와서 보통 사람의 평균 행복도와 비슷해졌다고 합니다. 우리의 상상과는 너무 동떨어진 결과였지요.[1]

　그렇다면 행복도가 제자리로 돌아온 이유는 뭘까요? 이 역시 기쁨에 관한 심리적 면역체계인 쾌락적응이 우리 마음에 작용한 결과입니다. 신상 스마트폰이 처음 손에 들어왔을 때를 떠올려볼까요? 신상 아이폰이 내 손에 쥐어졌을 때 정말 기분 좋지요. 한동안 스마트폰을 세팅하느라 시간 가는 줄도 모릅니다. 그런데 그 기쁨이 얼마나 갔었는지 기억하시나요? 아마 고작해야 몇 주였을 것입니다. 처음엔 최고조로 치솟았던 행복감이 한 달이 채 되기 전에 다시 평범한 일상 수준으로 돌아왔을 거예요. 이상하죠? 내 손의 스마트폰은 아직 쌩쌩한데 행복은 어느새 사라져 버렸습니다.

하늘에서 떨어진 돈벼락도 스마트폰과 다르지 않았습니다. 적어도 돈을 모두 쓰기 전까진 행복이 계속될 거라 믿었지만 행복도는 서서히 하락했습니다. 아직 돈은 차고 넘치게 남아 있었는데도 말이지요.

이렇게 고작 몇 달밖에 지속되지 않는 행복을 진정한 행복이라고 할 수 있을까요? 진정한 행복이라고 부르기엔 행복이라는 단어가 아깝다는 생각이 듭니다. 갑작스러운 돈벼락이 줄 수 있는 것은 '생각보다 짧은 기쁨이나 흥분'이라고 말할 수 있습니다.

결론! 돈으로 행복을 살 수 있습니다. 그런데 유통기한은 생각보다 무척 짧습니다.

Key point ─────────────────────────

돈으로 산 행복은 생각보다는 짧다.

잘사는 나라의 국민이 반드시 행복하지는 않다

─

국가별 행복도 순위조사

'돈으로 행복을 살 수는 없다.'

멋진 말입니다. 그렇지만 선뜻 동의하고 싶지 않은 말이기도 하지요. 아마 머릿속에서 가난해서 굶주리는 아이나, 거처 없이 떠도는 사람들이 떠오르기 때문일 것입니다. 그렇습니다. 자본주의 사회에서 돈이 없으면 살아갈 수 없습니다. 먹을 것도, 입을 것도, 잠잘 집도 모두 돈이 있어야 구할 수 있습니다.

'당연히 부자도 불행하다. 그래도 자전거 위에서 우는 것보다
　BMW 안에서 우는 것이 편하다.'
'돈으로 행복을 살 순 없지만, 행복 바로 옆에 정박할 큰 요트는
　살 수 있다.'

　　　　　　　제1장 관점을 바꾸면 찾기 쉬운 행복의 알고리즘

인터넷에서 찾은 돈에 관한 명언입니다. 저도 격하게 동의합니다. 음식이 없어 배고프고, 집이 없어 추위에 떠는 사람이 '난 행복해요'라고 말하면 아무도 믿지 않을 것입니다.

과학적으로도 돈과 행복은 밀접한 관련이 있습니다. 영국의 신경제재단The New Economics Foundation이란 단체는 주기적으로 국가별 국민이 느끼는 행복감을 조사합니다.[1]

행복 지수	나라	1인당 GDP(달러)	행복 지수	나라	1인당 GDP(달러)
1	핀란드	48803	55	리투아니아	37181
2	스위스	68391	56	에스토니아	36948
3	덴마크	57862	57	태국	18460
4	아이슬란드	55700	⋮		
5	노르웨이	64962	65	온두라스	5728
⋮			66	일본	41667
18	코스타리카	20297	67	한국	42879
19	체코	10828	68	벨라루스	19249
20	바누아투	3153	69	에콰도르	11375
21	미국	62530	70	몰도바	13022
22	벨기에	51831	71	키르기스탄	5254
⋮			72	볼리비아	8724

행복 지수	나라	1인당 GDP(달러)	행복 지수	나라	1인당 GDP(달러)
73	홍콩	59848	148	르완다	2227
74	파라과이	12685	149	인도	6700
75	크로아티아	28845	150	중앙아프리카공화국	945
⋮			151	짐바브웨	2836
147	잠비아	3470	152	아프가니스탄	2065

신경제재단에서 2019년에 국가별 행복지수를 조사한 결과입니다. 표를 보면 아프가니스탄, 짐바브웨, 중앙아프리카공화국이 최하위 1, 2, 3위에 있습니다. 모두 경제적으로 매우 궁핍한 나라입니다. 그리고 핀란드, 스위스, 덴마크가 최상위 1, 2, 3위에 있지요. 경제 선진국으로 알려진 나라들입니다. 이 조사 결과만 봐도 돈과 행복의 밀접한 관련성은 분명합니다. '역시 돈으로 행복을 살 수는 없다는 말은 거짓말이야'라는 생각이 들지요.

그런데 중위권 순위표를 보면 조금 이상합니다. 태국과 코스타리카, 바누아투 등 중위권에서도 경제 수준이 낮은 국가의 국민이 한국, 일본, 홍콩과 같은 중위권에서 상위에 위치하는 부자 나라의 국민보다 행복 순위가 훨씬 높습니다. 경제적으로 궁핍하지만 행복지수가 더 높은 겁니다. 심지어 최빈국 중 하나인 온두라스 국민이 한국 국민보다 평균적으로 더 행복하다고 느낍니다. 전 세계를 대상으로 한 어마어마한 데이터에서 내릴 수 있는 결론은 바로 이것입니다.

돈과 행복이 관계없다는 말은 거짓.
돈과 행복이 정비례한다는 말 또한 거짓.

돈과 행복은 어느 정도 관계가 있지만, 그렇다고 완벽하게 비례하지는 않습니다. 사실 돈과 행복 간에는 조금 더 복잡한 관계가 숨어 있습니다.

Key point ─────────────────────────────
국가 경제력과 사람들의 행복도는 정비례하지 않는다.

연봉이 너무 높으면 불행해지는 이유

연봉에 따른 행복도 연구

'잘사는 나라의 국민이 반드시 더 행복한 것은 아니다'는 영국 신경제재단의 조사 외에도 다른 많은 조사를 통해 여러 번 확인되었습니다. '국가 경제력과 국민의 행복도는 무조건 비례하지 않는다'는 명제는 심리학에서 상식에 가깝습니다.

국가별 문화의 특징이 결과에 영향을 미쳤을 것이라고 생각하시나요? 하지만 동일한 문화를 공유하는 같은 국가 내의 국민들 사이에서도 비슷한 현상이 관찰됩니다. 경제적으로 풍요롭고, 모두가 살고 싶어 하는 인기 지역의 주민 행복도와 경제적으로 낙후된 비인기 지역의 주민 행복도는 별 차이가 없다는 미국의 연구도 있습니다.[1,2]

상식을 깨버리는 이 현상을 설명하고자 학자들은 다양한 가설을 제시했습니다. 그중 가장 주목받는 '레이어드 가설'[3]을 소개해 드리려 합니다. 행복 경제학의 아버지로 불리는 런던 대학 경제학자 리처드 레이어드Richard Layard는 인간의 물질적 욕망엔 '만족점satiation point'이 있다고 말합니다. 만족점이란 쉽게 말해 욕망이 채워지는 지점을 의미합니다.

배고플 때 치킨 한 마리가 눈앞에 나타난다면 정말 행복하겠지요? 그런데 한 마리가 아닌 열 마리가 생겼다고 가정해봅시다. 그럼 내 행복도가 열 배로 늘어날까요? 그렇지 않겠지요. 위장에는 레이어드 교수가 말한 '만족점'이 있기 때문입니다. 치킨 한 마리면 우리의 배고픈 욕망을 채우기에 충분합니다. 즉, 우리 위장의 만족점은 '치킨 한 마리'입니다. 만약 만족점을 넘어서면 어떻게 될까요? 배부른 사람에게 치킨 아홉 마리를 더 들이밀면 행복하기는커녕 고통스러워질 뿐이지요. 그래서 이 만족점(한 마리)을 통과한 후에는 치킨과 행복의 정비례 관계가 깨집니다.

레이어드는 돈의 만족점을 1년간 1만 5천~2만 달러 정도의 수입으로 봤어요. 한국 돈으로는 연 수입 약 1,700~2,200만 원 정도의 수입이에요. 2005년도 연구니까 물가상승률(평균 연 2%)을 고려한 2023년 기준으로는 연 수입 약 2,400~3,200만 원 정도가 되겠네요. 1인당 수입이니 가족이 있다면 금액은 더 늘어나겠지요. 1인 연 수입이 3,200만 원을 넘어간 후에 돈이 주는 행복은 치킨 열 마리의 행복과 비슷합니다. 레이어드 가설에 따르면 일정 수준을 넘어선 소득은 더 이상 행복의 증대에 유의미한 영향을 끼칠 수 없기 때문입니다.

소득과 행복도와의 관계

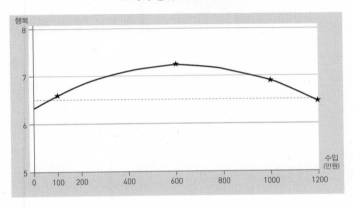

그럼 우리나라를 살펴보겠습니다. 2022년 한국보건사회연구원은 한국인의 근로소득과 행복도에 관한 연구[4]를 진행했습니다.

이 그래프를 통해 한국 국민이 느끼는 소득과 행복의 관계를 알아볼 수 있습니다. 월급이 적을 때는 월급이 늘어날수록 행복도가 상승합니다. 그런데 어느 순간 상승을 멈추네요. '월 600만 원.' 2022년 기준, 600만 원이 한국 국민의 만족점입니다.

그런데 이 조사에는 흥미로운 사실이 하나 더 숨겨져 있습니

제1장 관점을 바꾸면 찾기 쉬운 행복의 알고리즘

다. 600만 원 이후 그래프의 기울기를 봐주세요. 행복도가 오히려 떨어집니다. 월 1,000만 원을 버는 사람은 600만 원을 버는 사람보다 덜 행복하다는 뜻입니다. 더 충격적인 것은 월 1,200만 원을 버는 사람의 행복도가 월 100만 원을 버는 사람이 느끼는 행복도와 비슷해진다는 사실입니다.

돈이 많을수록 할 수 있는 것도, 살 수 있는 것도 많아지는데 왜 더 불행해질까요? 아마 학생들은 이 이유를 상상하기 힘들 것입니다. 반면 직장인이라면 고개를 끄떡이고 있을 가능성이 큽니다. 직장생활을 경험하신 분들이라면 회사가 월 1,200만 원을 지급한다는 것이 어떤 의미인지 짐작할 수 있으니까요. 이 사실을 뼛속 깊이 체감한 어르신들은 이 현상을 이렇게 표현합니다.

'세상에 공짜가 어디 있냐?'

대부분의 고수입자는 삶의 여유, 가족, 우정, 사랑, 수면, 건강 등 소중한 것들을 희생하면서 살고 있습니다. 얻는 게 있으면 포기해야 하는 것도 있는 법이니까요. 아마 가족, 친구, 애인을 만나거나 취미생활에 시간을 쓰는 건 꿈도 꿀 수 없는 '월화수목금금금'의 생활을 살고 있을 것입니다. 이것이 월급 600만 원을 넘어서면 오히려 행복도가 떨어지는 이유입니다. 한국보건사회연구원도 고연봉자의 행복도가 떨어지는 원인 중 하나로 과도한 근로시간을 꼽았습니다. 아무리 돈이 많다고 해도 바꿀 수 없는 것들이 있기 마련입니다. 그 소중한 것들을 돈과 바꾼 대가로 손아귀의 행복이 조금씩 새어 나가는 것입니다.

돈이 없어서 굶주린다면, 입을 옷이 없다면 분명 불행합니다. 하지만 일정 수준을 넘어서면 돈은 행복을 방해할 수도 있습니다.

Key point ——————————————————————————

가난이 내 삶을 위협할 때 돈은 행복에 가장 중요한 요소다.
그러나 일정 수준을 넘는 돈은 내 행복을 빼앗아 간다.

제2장

쉽게 상처받지 않는
자존감의 알고리즘

실패해도 좌절하지 않는 사람이 되는 방법

'내 속엔 내가 너무도 많아' 실험

'나는 왜 뚱뚱할까?'

'난 언제 취직할까?'

'나는 왜 이리 키가 작을까?'

'나는 왜 이렇게 소심할까?'

누구나 콤플렉스를 가지고 있습니다. 진심으로 '난 완벽해'라고 생각하는 사람은 드뭅니다. 그럼에도 불구하고 '이 정도면 괜찮아'라고 자신을 긍정하며 살아가는 사람이 있는 반면, 자신의 콤플렉스가 못 견디게 아픈 사람도 있습니다. 이 차이는 과연 어디에서 올까요? 이 궁금증을 풀어줄 만한 재미있는 심리학 실험을 소개해 드리겠습니다.[1]

미국 듀크 대학의 심리학자 패트리샤 린빌Patricia Linville은 성격 특성을 표현하는 33장의 카드를 준비했습니다. 이 카드에는 다양한 특성이 쓰여 있습니다. '유머 있는', '상상력이 뛰어난' 등의 창조적 특성이나 '게으른', '충동적인'과 같은 부정적 특성, '조용한', '반성적인', '즐거운', '소심한' 등 혼자 있거나 친구들이랑 있을 때 드러나는 특성, 혹은 '외향적인', '주장이 강한', '반항적인', '순진한' 등의 세상을 대할 때 나타나는 특성까지 여러 종류로 이루어졌습니다.

린빌은 실험 참가자들에게 말했습니다.

"이 카드를 사용해 자신을 최대한 자세히 설명해주세요."

"음…. 저는 거의 매일 아침 달리기를 할 만큼 성실해요.", "저는 할 일을 계속 미루는 편이라 게으른 것 같아요." 참가자들은 카드를 이용해 자신을 설명했습니다. 그런데 재밌는 것은 린빌이 이 설명에 전혀 관심이 없었다는 점입니다. 린빌이 궁금했던 것은 오직 하나였습니다.

'몇 장의 카드로 자신을 표현했는가?'

어떤 참가자는 단 2~3장으로만 자신을 설명했고 어떤 참가자는 10장이 넘는 카드를 활용해 다채롭게 자기 자신을 설명했습니다. 린빌은 참가자들을 두 그룹으로 나눕니다. 상대적으로 적은 카드를 사용한 그룹은 '자기개념이 단순한 그룹'으로, 보다 많은 카드를 사용한 그룹은 '자기개념이 복잡한 그룹'으로요. 그리고 지금부터 린빌의 기막힌 연극의 막이 오릅니다.

린빌은 참가자들에게 현재 자신의 기분과 자신의 전반적 능력 (지적 능력, 사회적 능력)을 평가하게 합니다.

기분	지금 이 순간 얼마나 우울감을 느끼나요?
	지금 이 순간 얼마나 행복감을 느끼나요?
지적 능력	지금 이 순간 얼마나 창의적인가요?
	지금 이 순간 얼마나 똑똑하다고 생각하나요?
사회적 능력	지금 이 순간 얼마나 사회적인 기술이 뛰어나다고 생각하나요?

참가자들은 이 문항의 답을 컴퓨터에 직접 4점 척도(전혀 아니다, 아니다, 그렇다, 확실히 그렇다)로 입력합니다. 이 문항에서 매우 중요한 문구는 '지금 이 순간'입니다. 기억해주세요.

참가자들이 답을 입력하는 중에 갑자기 '삐-' 소리가 나며 컴퓨터 화면이 깜깜해집니다.

"아, 또 고장인가 보네. 잠깐만 기다려보세요. 컴퓨터를 고쳐볼 게요. 제가 나가 있는 동안 컴퓨터를 못 쓰니 종이로 이 문제들을 풀어주세요."

린빌은 시험지를 건넨 후 방을 나갑니다. 린빌이 준 시험지에는 아주 간단한 언어, 수학 IQ 테스트 문제들이 있었습니다. 10분 후 린빌 교수는 태연하게 방으로 들어와 말합니다.

"아휴, 정말 컴퓨터가 말썽이네요. 10분 뒤면 다음 참가자가 방으로 들어오는데 그 전에 이 시험 점수를 컴퓨터에 입력해야 하거든요. 죄송한데 지금 여기서 손으로 채점해도 될까요?"

모든 참가자는 여기에 동의합니다. 린빌 교수는 눈앞에서 시험지를 채점합니다.

"채점이 끝났네요. 점수를 알려 드릴까요?"

방금 본 시험 점수가 궁금하지 않을 사람은 없겠지요? 모든 참가자가 "그렇다"고 대답합니다. 린빌 교수는 그 자리에서 성적을 공개합니다. 하지만 구체적인 점수를 공개하지는 않습니다. 아래 두 종류의 대답 중 한 가지를 임의로 골라 전달할 뿐입니다.

"당신의 점수는 상위 10%입니다" 혹은 "당신의 점수는 하위 10%입니다."

물론 두 대답 모두 거짓말입니다. 린빌은 시험지를 제대로 채점하지도 않았습니다. 그런데 이 말이 끝나자마자 공교롭게도 '삐-' 소리가 나며 모니터에 불이 들어옵니다. 정말 기막힌 타이밍이지요? 린빌은 컴퓨터를 살피더니 큰 한숨을 내쉬고 엄청나게 실망한 표정을 짓습니다. 무슨 큰일이 벌어진 것 같습니다.

"아… 이놈의 컴퓨터. 어쩌죠? 정말 미안하게 됐네요. 이제 보니 아까 입력한 정보가 모두 날아가버렸어요. 죄송하지만 다시 한번 입력해줄 수 있을까요?"

참가자들은 다시 한번 컴퓨터 앞에 앉아서 아까 입력했던 '지금 이 순간'의 기분과 능력을 입력합니다. 입력이 끝난 후 참가자는 방을 나갑니다.

이렇게 린빌의 연극은 막을 내립니다. 잠시 책을 덮고 린빌의 연극의 목적을 짐작해볼까요? 그럼, 정답을 공개하겠습니다.

린빌이 이 실험을 통해 얻게 된 데이터는 두 가지입니다. 자기개념 카드의 숫자, 참가자들의 기분과 자기평가입니다. 그런데 아까 '지금 이 순간'을 강조했었지요? 기분과 자기평가는 컴퓨터 전원이 꺼지기 전, 컴퓨터 전원이 다시 켜진 후, 두 차례에 걸쳐 측정되었습니다. 그사이에 간단한 IQ 테스트와 결과 통지가 있었지요. 린빌은 참가자들이 모르게 성공경험(상위 10%)과 실패경험(하위 10%) 전과 후의 기분과 자기평가가 어떻게 달라지는지에 대한 데이터를 얻어내는 데 성공한 것입니다. 린빌이 이 자료들을 통해 얻은 결과는 다음과 같습니다.

자기가 하위 10%라는 사실을 알고 난 후 참가자들의 기분과 자기평가 점수는 처음보다 낮아집니다. 당연하겠지요? 그런데 고려할 변수가 하나 더 있습니다. 실험 초반에 카드의 개수 즉, 자기개념이 얼마나 복잡한지를 조사했었지요. 카드의 개수에 따라 실망의 정도에 통계적인 차이가 있었습니다.

성격 특성 카드를 상대적으로 많이 선택한 '자기개념이 복잡한 그룹'의 사람들은 실패 경험 시 덜 실망했고, 자기 능력을 덜 낮게 표현했습니다. 반면, 성격 특성 카드를 보다 적게 선택했던 '자기개념이 단순한 카드 그룹'의 사람들은 실패 경험 시 더 많이 실망했고, 자기 능력을 더 낮게 평가했습니다.

왜 자기개념이 복잡한 사람들은 실패를 경험해도 좀처럼 쉽게 흔들리지 않았을까요?

'나는 머리가 나쁘고 게을러. 하지만 유머 감각도 있고, 쾌활하고, 날 좋아해주는 친구도 많은 사람이야.'

그들에게는 자신의 단점을 상쇄할 만한 카드가 많았기 때문입니다. 이런 사람은 쉽게 자기를 포기하지 않습니다.

반대로 자신을 2~3가지로 좁게 정의하는 사람은 어떨까요? '난 업무 능력이 뛰어난 사원이야'라고 생각하는 사람이 있습니다. 그에게는 업무 능력이 자신을 지탱하는 유일한 버팀목입니다. 그런데 업무를 망친다면? 쉽게 자신을 포기하게 됩니다. 극단적으로는 자기가 쓸모없다고 생각할 수도 있습니다.

린빌은 이 실험 결과를 확인하기 위해 두 번째 실험을 실시합니다. 자기개념이 단순한 사람, 복잡한 사람을 14일 동안 추적해 그 일상을 관찰합니다. 그리고 다시 한번 확인한 결과, 자기개념이 단순한 사람들은 기분 나쁜 일에 더 크게 실망하고 자기를 더 낮게 평가했고, 자기개념이 복잡한 사람들은 기분 나쁜 일에 덜 민감하게 반응한다는 걸 발견했습니다. 즉, 내 안의 무수한 내가 있는 걸 모르는 사람은 실패에 직면하면 단 한 줄로 반응한다는 겁니다.

'나는 실패했어. 난 쓸모없어.'

반면, 내 안에 무수한 모습이 있다는 것을 깨달은 사람은 실패에 직면해도 이렇게 생각합니다.

제2장 쉽게 상처받지 않는 자존감의 알고리즘

'나는 실패했어. 그래도 난 부모님께 손 안 벌리고 사는 '독립된 인간'이고, 직장에서는 나름 인정받는 '성실한 직원'이야. 내 친구들에게 나는 의지할 수 있는 '든든한 친구'이지.'

여러분 안에는 여러분의 생각보다 훨씬 더 다채로운 모습이 숨어 있습니다. 키, 외모, 성격, 직장, 업무 능력, 운동 실력, 친구 모두 여러분의 삶의 일부분일 뿐입니다. 그중에는 짜증나는 '나'도 있지만 반짝이는 '나'도 있습니다. 그 반짝임을 놓치지 마세요.

Key point ────────────────────────────

모든 계란을 한 바구니에 넣지 마라.

타인의 무례한 말을 허락하지 마라

—

투사의 법칙

소연 씨와 언니의 대화

"언니, 나 배고파. 뭐 먹을 것 없어?"

"소연아, 밤 11시에 뭔 먹을 거야. 그냥 자!"

"아…. 몰라. 막 당겨…."

"하여간 저 돼지."

"뭐? 너 뭐라고 했어? 돼지? 진짜 죽을래?!"

지혜 씨와 언니의 대화

"언니! 배고프다."

"지혜야, 밤 11시에 뭔 먹을 거야. 그냥 자!"

"아…. 몰라. 막 당겨…."

"하여간 저 돼지."

"꿀꿀. 언니도 라면 콜?!"

'돼지'. 듣기만 해도 짜증나는 호칭입니다. 그런데 비슷한 상황에서도 그냥 웃으며 넘어가는 사람이 있는 반면, 참지 못하고 욱하는 사람이 있습니다. 둘의 차이점은 뭘까요?

비밀은 마음속에 있습니다. 소연 씨는 자신이 뚱뚱하다는 사실이 늘 신경 쓰였어요. 나름 다이어트를 하려고 노력도 했지만 밤마다 배고픔에 지고 말았지요. 소연 씨는 자신의 약한 의지력이 싫었어요. 올라가서 내려올 줄 모르는 체중계 바늘도 싫었고, 자신의 두꺼운 다리는 더 미웠어요. 그래서 이렇게 생각하게 됩니다.

난 뚱뚱해, 못생겼어 ➡ 이런 내 모습이 싫어 ➡ 당연히 남들도 내 뚱뚱한 모습을 비웃고 있을 거야 ➡ 짜증나!

이런 생각을 하는 소연 씨에게 '돼지'는 그냥 지나칠 수 없는 말이었습니다. 자신도 모르게 울컥 화가 나고, 짜증이 폭발했어요. 소연 씨가 소심한 성격이었다면 화는 내지 않았겠지만 주눅 들고 종일 우울했을 거예요.

이 과정을 심리학에서는 투사, 영어로는 프로젝션Projection이라고 부릅니다. 프로젝션의 원형인 프로젝트Project의 의미는 아주 다양한데요, 그중에선 '예상하다', '발사하다'라는 뜻도 있습니다. 재미있게도 두 가지 뜻을 조합하면 심리학에서 쓰이는 '투사'의 뜻을 설명할 수 있습니다.

'내 생각을 타인에게 _발사한다_. 그래서 타인도 나같이 생각할 거라고 _예상한다_.'

즉, 투사란 '남도 나와 똑같이 생각한다고 믿는 심리'입니다. '인간이면 누구나 투사를 사용한다'고 말할 정도로 투사는 흔히 쓰이는 심리기제입니다. 소연 씨가 흥분한 이유도 투사 때문입니다. 소연 씨는 자신의 뚱뚱한 모습을 싫어했어요. 그래서 친구들도 당연히 자기 모습을 비웃을 거라고 예상했습니다. 사실 언니는 그저 가벼운 농담을 했을 뿐이었지만요.

지혜 씨는 똑같은 '돼지'라는 말을 듣고도 소연 씨와는 전혀 다른 반응을 보였습니다. 그 이유는 생각의 알고리즘이 달랐기 때문입니다.

난 조금 뚱뚱해 ➡ 그래도 괜찮아 ➡ 뚱뚱한 게 뭐 어때서? 귀여운데 ➡ 남들도 신경 안 쓸 거야

자신이 뚱뚱하다고 생각한 첫 단계는 소연, 지혜 씨 모두 똑같

제2장 쉽게 상처받지 않는 자존감의 알고리즘

았습니다. 하지만 다음 단계에서 달라졌습니다. 지혜 씨는 '난 괜찮은데'라고 생각했고 이 생각을 타인에게 투사했습니다.

'내가 괜찮으니 당연히 남들도 신경 쓰지 않을 거야.'

지혜 씨에게는 타인이 나를 뚱뚱하다고 비웃는다는 생각 자체가 없었습니다. 그러니 화낼 이유도 없었지요. '돼지'란 농담에 맞장구치는 것은 물론 '꿀꿀' 소리를 내며 함께 웃었습니다. 똑같은 상황에서 누군가는 짜증이 났고, 누군가는 웃었습니다.

이것이 바로 진정한 행복의 중요한 열쇠 중 하나입니다. 여러분은 자신을 괜찮다고 생각하나요? 한 걸음 더 나아가, 여러분은 자신을 좋아하나요?

Key point ───────────────────────────────

자신을 싫어하는 순간, 온 세상이 나의 적이 된다.

불행한 사람들은 성공해도 불행하다

—

불행한 사람들의 성공과 실패 기준에 관한 실험

주변에 비해 뒤처진 내 모습에 불안한가요? 남보다 더 나은 사람으로 보여야 안심되나요? SNS 속 화려한 삶에 주눅 드나요? 이러한 스트레스로부터 자유로워질 수 있는 방법을 심리 실험을 통해 소개해 드리겠습니다.[1] 굉장히 재미있는 실험이니 기대하고 저를 따라와주세요.

캘리포니아 대학의 심리학자 소냐 류보머스키Sonja Lyubomirsky와 스탠포드 대학의 리 로스Lee Ross는 스탠포드 대학에 공고문을 냈어요.

> "6~7세 아동을 가르치는 수업 기술에 관한 실험을 합니다.
> 스탠포드 대학생의 많은 참여를 부탁드립니다."

총 81명의 대학생이 지원했어요. 본격적인 실험에 앞서 81명의 참가자는 다음과 같은 심리검사를 받았습니다.

1번. 현재 기분이 어떠한지
2번. 현재 어느 정도의 자신감을 느끼는지
3번. 평소에 얼마나 행복한지

류보머스키는 3번 문항인 '평소에 얼마나 행복한지'를 바탕으로 참가자들을 두 그룹으로 나눕니다. 평소 아주 행복하다고 느끼는 사람들은 A 그룹, 불행하다고 느끼는 사람들은 B 그룹이었지요. 참가자에게는 행복한 사람, 불행한 사람으로 그룹을 나눴다고 알리지 않았습니다. 그리고 류보머스키는 참가자를 두 명씩 짝지어 실험실로 불렀습니다.

"안녕하세요. 시간을 아끼기 위해 실험은 2명씩 진행할게요. 한 분은 빨간 티셔츠를 입고, 다른 한 분은 초록 티셔츠를 입어주세요. 이번 실험은 참가자들이 6~7세 아이들을 얼마나 잘 가르치는지 교습 능력을 연구하는 것이 목적입니다. 저 앞쪽 스크린 건너편에는 교육전문가들이 앉아 있어요. 그들이 여러분의 수업을 보면서 실시간으로 평가합니다. 또한 여러분의 수업은 평가를 위해 녹화도 됩니다. 자 그럼, 상황을 알려 드릴게요.

앞에 손가락 인형 2개가 놓여 있죠? 하나가 철수, 하나가 영희입니다. 철수가 영희의 장난감을 허락도 받지 않고 가지고 놀다가 실수로 장난감을 망가트렸어요. 영희는 무척 화가 난 상태이지요. 이 손가락 인형을 사용해 철수와 영희의 다툼을 어떻게 해결하면 좋을지 보여주세요. 앞 스크린에 6~7세 아이들이 보고 있다고 생각하고 5분의 수업을 부탁 드립니다. 준비시간은 2분 드립니다."

이 말 안에 류보머스키의 거짓말 두 가지가 있습니다.

첫째, 스크린 건너편에는 아무도 없어요. 참가자들의 수업 역시 녹화되고 있지 않고요. 이 모든 것은 참가자들이 '평가받고 있다'고 의식하게 만들기 위한 거짓말입니다.

둘째, 녹색 티셔츠는 없었어요. 모두 다 빨간 티셔츠를 입고 수업을 진행했거든요. 하지만 참가자들은 '내 짝은 녹색 티셔츠를 입었겠네'라고 생각했습니다. 이는 참가자들에게 '나는 짝과 비교되는구나'라고 의식하게 만들기 위한 거짓말입니다.

5분의 수업이 끝난 후 류보머스키는 참가자들을 한 명씩 부릅니다. 평가 결과를 알려주기 위해서였어요. 평가의 기준은 6, 7세 아이들과의 의사소통 능력, 주의집중 유도력, 이해시키는 능력 등이었습니다. 무척 상세한 평가 앞에서 참가자들은 긴장하고, 경청할 수밖에 없었습니다. 하지만 평가 결과는 참가자의 수업과 전혀 관련 없었어요. 류보머스키의 입맛에 맞는 평가를 전했을 뿐이에요. 류보머스키는 '점수가 높은지 낮은지', '짝보다 잘했는지 못했는지'를 기준으로 참가자에게 다음과 같은 4가지 평가 결과 중 하나를 임의로 골라 전달했습니다.

성공	실패
점수 매우 높음/ 짝과 비교 없음	점수 매우 낮음/ 짝과 비교 없음
점수 매우 높음/ 그러나 짝이 더 잘함	점수 매우 낮음/ 짝보다는 잘함

류보머스키는 평가 결과를 알려준 후 참가자의 기분과 자신감을 다시 측정했습니다. 이로써 류보머스키는 평가 전후 참가자들의 기분, 자신감의 변화에 대한 데이터를 얻고 실험을 종료했습니다.

이 실험을 통해 류보머스키가 밝히고 싶었던 마음의 알고리즘은 무엇인지 눈치채셨나요?

'시간을 줄이기 위해 2명씩 한꺼번에 진행합니다'라고 했던 말 기억하시지요. 이 거짓말은 '짝과 비교되고 있다'는 착각을 불러일으키기 위해서였어요. 그리고 또 한 가지. 실험 시작 전 조사를 통해 실험 참가자들을 평소 행복하다고 느끼는 A 그룹(행복이들)과 평소 불행하다고 느끼는 B 그룹(불행이들)으로 나누었습니다.

이 두 가지 조건을 조합하면 연극의 목적이 나옵니다.

'행복한 사람과 불행한 사람은 상대방과의 비교 평가를 어떻게 받아들일까?'

지금부터 결과를 알려 드리겠습니다. 조금 복잡하지만 천천히 따라오면 정말 놀라운 사실을 목격할 수 있습니다.

		행복이들	불행이들
성공	점수 높음 짝과 비교 없음	❶ 기쁨 자신감 상승	❺ 기쁨 자신감 크게 상승
	점수 높음 짝보다 못함	❷ 기쁨 자신감 상승	❻ 조금 슬픔 자신감 조금 상승
실패	점수 낮음 짝과 비교 없음	❸ 매우 슬픔 자신감 비슷	❼ 조금 슬픔 자신감 비슷
	점수 낮음 짝보다 잘함	❹ 조금 슬픔 자신감 비슷	❽ 기쁨 자신감 상승

행복이들의 결과는 간단합니다. 성공하면 기뻐했고, 자신감도 상승했습니다. 실패하면 슬퍼했지만, 그로 인해 자신감이 크게 떨어지지는 않았습니다. 여기서 주목할 것은 ❷번 결과입니다. 점수가 짝에 비해서는 낮았지만, 절대적인 기준에서는 높을 때

행복이들은 기뻐했어요.

❹번 결과도 흥미롭습니다. 실패했지만 짝보다는 잘했다고 했을 때 행복이는 조금 덜 슬퍼합니다. 다들 어릴 적에 비슷한 경험이 있을 거예요. 내 점수가 40점이라 슬픈데 내 짝 점수를 훔쳐보니 30점일 때. 저절로 얼굴에 미소가 떠오르지요? 하지만 이 점은 기억하세요. 행복이들은 실패 앞에서 모두 슬퍼했습니다.

그럼 다음은 평소 불행하다고 느꼈던 참가자인 불행이들의 실험 결과를 살펴보겠습니다. 행복이는 성공했을 때 기뻐하고 실패했을 때 슬퍼했어요. 그러나 불행이들은 조금 더 복잡해요. ❺번 결과를 통해 우선 성공하면 기뻐하고 자신감이 상승한다는 사실을 알 수 있습니다. 그런데 짝과 비교하자 불행이들의 마음이 확 달라집니다. ❻번 결과에 주목해주세요. '당신 점수가 높긴 하지만 짝보다는 낮아요'라고 들은 불행이들은 성공했지만 슬퍼합니다. 그리고 자신감이 덜 높아집니다.

실패했을 때 불행이는 행복이와 마찬가지로 슬퍼합니다. 그런데 이번에도 짝과 비교하자 불행이들의 마음이 확 달라집니다. ❽번 결과가 아주 흥미롭습니다. '당신 점수가 낮긴 하지만 짝보다는 높아요'라고 들은 불행이들은 성적이 좋지 않았는데도 오히려 기뻐했어요. 심지어 자신감까지 상승했습니다.

실험 결과를 한 문장으로 요약해 보면 다음과 같습니다.

"평소 불행한 사람들은 자신이 성공했을 때보다 남이 실패했을 때 더 기뻐하고, 자신감도 상승한다."

불행이에게 자신의 성공과 실패는 중요치 않습니다. 불행이에게 중요한 것은 '주변 사람이 나보다 더 잘했는지, 못했는지'였습니다. 불행이는 자신이 성공하더라도 짝이 더 잘하면 슬픕니다. 반대로 자신이 실패해도 짝이 더 못 하면 기뻐하지요. 불행이들에게 기쁨과 슬픔의 기준은 '나의 성공 여부'가 아닌 '타인의 성공 여부'였습니다. '사촌이 땅을 사면 배가 아프다'는 속담을 들어보셨지요? 불행한 사람들에게 지금 내 땅이 얼마나 있는지는 중요치 않은 겁니다. 문제는 '사촌이 땅을 얼마나 샀는가'였던 것이지요.

'난 왜 이렇게 못났을까, 난 왜 계속 실패만 할까?'라는 생각에 슬프고 우울하다면, 그래서 자존감이 바닥이라면, 내 마음을 살펴봅시다. 실패는 무엇을 기준으로 판단했나요? 혹시 타인과의 비교, 부모님의 기준, 사회의 기준이었나요? 그랬다면 당신은 평소에 '난 왜 이렇게 불행할까'라고 느끼고 있을 가능성이 높습니다. 주변 사람들이 가진 연봉, 외모, 인기 등의 요소를 내가 가진 것과 끊임없이 비교하며, 타인보다 조금이라도 나아야 안심되는 사람은 불행합니다. '주변 사람들이 날 어떻게 생각할까?'를 과도하게 신경 쓰기 때문일 것입니다. 그런 생각이 들 때는 '아, 날 불행에 빠뜨리는 생각을 하고 있구나'라고 생각해보세요. 그리고 성공과 실패의 기준을 스스로 정해보세요.

'나는 저 사람보다 잘했어'나 '상사가 칭찬했으니 성공이야'처럼 타인에게 기준을 두는 게 아니라, '이 정도면 됐지, 잘했어' 혹은 '저번 달보다 몸무게 1kg 감량! 성공했어'처럼 나의 기준으로 성공과 실패를 정의하는 겁니다.

당신의 성공과 실패를 남의 손에 넘기지 마세요. 당신의 성공을 결정하는 건 누구도 아닌 바로 당신이어야 합니다.

Key point ——————————————————————

행복한 사람들은 자신의 성공이 중요하다.
불행한 사람들은 나보다 남들의 성공이 더 중요하다.

내가 나를 좋아해야 상처받지 않는다

———

행복의 열쇠, 자존감

'난 도대체 왜 이 모양일까?'

'해봤자 안 될 거야.'

'아무도 날 인정해주지 않아.'

'나서봤자 다들 비웃을 거야.'

자기 자신을 싫어하는 사람들이 항상 달고 다니는 생각입니다. 자신을 싫어하면 스스로를 부정적으로 평가하게 됩니다. 부정적 자아상을 주변에 투사해 '친구도, 직장동료도, 가족도 나를 싫어해, 비난할 거야'라는 식으로 생각하게 되지요. 당연히 자신감은 땅에 떨어질 수밖에 없습니다. 자신감이 떨어지면 시험을 치르거나 취업 준비를 할 때, 혹은 직장에서 일하거나 호감 가는 상대에게 관심을 표현하는 용기가 필요한 상황에서 '난 실패할 거야'라는 생각이 먼저 떠오릅니다. 그래서 애초에 도전 자체를 꺼리게 되지요. 쉽게 포기하는 행동이 습관이 되면, '나는 뭘 해도 안 될 사람'이라는 부정적 자아상이 점점 강화됩니다. 그리고 강화된 부정적 자아상을 다시 주변에 더 강력하게 투사합니다. 자신감은 더욱 떨어지고 악순환이 되풀이되지요.

나 자신을 싫어한다면 결코 행복해질 수 없습니다. 정도의 차이는 있겠지만 하루하루가 우울하고 불행할 것입니다. '난 내가 마음에 들어'라는 태도는 행복의 첫 번째 조건입니다. 이 개념을 심리학에서는 이렇게 부릅니다.

'자아존중감 self-esteem'

굉장히 유명한 말이라 다들 한 번씩은 들어봤을 거예요. 자아존중감은 줄여서 '자존감'이라고도 부릅니다. 이는 심리학에서 가장 오래, 많이 다루어진 최고의 인기 주제입니다.[1] 2006년까지 미국에서 자존감을 주제로 집필된 논문, 책, 글만 해도 2만 3천여 건[2]이 훌쩍 넘고, 2023년 한국 기준으로 학위논문만 2만여 건, 단행본도 무려 1,300권 가량입니다. 심리학에서 왜 이렇게 자존감을 중요하게 생각했을까요? 왜냐하면 건강, 성격, 행복도 등 수

많은 인간 특성들이 자존감과 아주 깊게 연관됐기 때문입니다.

자존감과 건강의 관계를 먼저 살펴볼까요? 알코올 중독이나 폭식증 혹은 거식증 같은 식이장애, 약물중독, 혹은 우울증이나 불안장애, 공황장애 등의 여러 질병들은 낮은 자존감과 아주 밀접한 관련이 있습니다.

다음은 자존감과 능력의 관계입니다. 자존감이 높은 사람은 대체로 학교 성적이나 운동, 각종 과제, 회사에서의 업무 능력 등 여러 가지 분야의 수행능력이 높다고 합니다.

마지막으로 자존감과 대인 관계의 연관성을 살펴봅시다. 자존감이 높을수록 사람들에게 더 매력적으로 다가갈 확률이 높았고, 대인 관계 기술이 좋았습니다. 그래서 자존감이 높은 사람들의 대인 관계는 넓고 깊은 편이었지요. 이런 사람들은 학교나 직장 생활에서 만족도가 높았습니다. 반면, 자존감이 낮을수록 반항 행동이나 반사회적 행동을 하는 비율이 높았습니다. 그래서 대인 관계가 좁고 관계의 깊이도 얕았지요. 그 결과 자존감이 낮은 사람들이 느끼는 학교나 직장 생활에서의 만족도는 낮을 수밖에 없었습니다.

자존감과 행복은 뗄 수 없는 관계입니다. 자존감이 높은 사람이 행복할 가능성이 크지요. 반대로 자존감이 낮아서 '난 내가 마음에 안 들어'라고 되뇌고 있다면 건강, 학교나 직장 생활, 대인

관계 등 여러 부분에서 누려야 할 행복을 놓치고 있다는 뜻입니다. '어떻게 해야 행복해질 수 있을까요?'라는 질문에 대해 심리학은 수없이 많은 답을 가지고 있습니다. 그중 단 한 가지만 고르라고 한다면 저는 이렇게 말할 것입니다.

'자신을 진심으로 좋아해 봐.'

Key point ──────────────────────────────

나를 대하는 태도가 날 행복하게 또는 불행하게 만든다.

커다란 꿈을 경계해야 하는 이유

자아존중감의 수학 공식

"소년이여! 큰 꿈을 꾸어라! *Boys, be Ambitious!*"

"인생을 걸고 도전해라!"

"새우잠을 자더라도 고래의 꿈을 꾸어라!"

어디선가 들어본 꿈에 관한 명언들이지요? 이번에는 꿈과 자존감이 어떤 상관관계를 가지고 있는지 알아보겠습니다.

"큰 꿈을 가져. 꿈을 향해 힘차게 달리다 보면 저절로 행복해질 거야."

우리가 학창 시절부터 종종 듣던 말입니다. 그런데 과연 큰 꿈을 가지고 열심히 노력하면 행복해질까요? 결론부터 말하겠습니다.

"큰 꿈을 가지고 열심히 노력하면 큰 불행에 빠질 수 있습니다."

하버드 대학의 심리학자 윌리엄 제임스William James의 말입니다. 제임스는 자아존중감이란 단어를 처음으로 만들고, 그 외에도 심리학의 여러 개념을 최초로 도입한 심리학의 거장입니다. 이렇게 저명한 심리학자인 제임스는 왜 큰 꿈을 가지면 불행할 것이라고 말했을까요?[1] 효주 씨의 사례를 한번 들여다보도록 하죠.

9급 공무원 시험 결과 발표 날.
효주 씨는 떨리는 마음으로 링크를 클릭했습니다.
"합격을 축하드립니다"
시험 결과를 본 효주 씨의 눈에서는 슬픔의 눈물이 흘렀습니다.
"7급에 붙고 싶었는데…."

효주 씨는 열심히 노력했고, 결과도 좋았으니 자존감도 높아지고 더 행복해야 합니다. 그런데 자존감은 오히려 뚝 떨어졌습니다. 왜 그랬을까요? 제임스에 따르면 효주 씨의 자존감 하락은 필연입니다. 노력해 이룬 성취가 자존감을 높여주는 것은 맞지만 자존감에는 성취만큼 중요한 요인이 또 있기 때문이지요. 바로 '기대'입니다. 수학 공식으로 나타내보면, 자아존중감은 성취에 비례하고 기대에 반비례합니다.

$$자아존중감 = \frac{성취}{기대(꿈)}$$

만일 내 자존감이 땅바닥까지 떨어져서 불행하다면, 내가 이루리라 기대했던 꿈에 비해 현실에서 이룬 성취가 비교적 작았기 때문일 겁니다. 효주 씨는 정말 열심히 노력했고 누구나 인정할 만한 공무원에 합격했지만 불행했습니다. 효주 씨의 꿈은 7급 공무원 합격이었기 때문입니다.

다이어트 10kg, 주식 대박, 벤틀리, 30대에 서울 자가 아파트, 이 목표가 이뤄지는 장면은 상상만으로도 내 가슴을 두근거리게 만듭니다. 하지만 과연 이 목표를 달성할 수 있을까요? 하루에 한 끼만 먹으며 몇 달을 보내고, 숨만 쉬고 일만 하는 노력을 수년간 쉼 없이 하면 가능하겠지요. 하지만 이런 노력 자체가 불가능합니다.

물론 세상에는 정말 말도 안 되는 일을 해내는 사람이 있습니다. 힘든 가정환경에서 학원 한번 못 다니고 서울대에 입학한 학생, 중졸 학력에 무일푼으로 시작해 성공한 사업가 등 세상에는 기적 같은 성공 신화들이 돌아다닙니다. 그런데 이런 성공이 '신화'로 불리는 이유는 수만 명 중 1명 정도만 해냈기 때문입니다. 신기하니까 유명해진 것이지요. 기적 같은 성공을 좇다 보면 십중팔구 실패를 맞닥뜨리게 됩니다. '난 노력해도 안 되는구나…' 하며 좌절하고, '난 내가 싫어'라며 스스로를 비난하는 악순환에 빠질 수도 있습니다.

너무 큰 꿈에 짓눌려 '난 내가 싫어'의 악순환에 빠지는 사람들에게 꼭 해주고 싶은 말이 있습니다.

'꿈은 꿈으로, 목표는 현실로.'

꿈과 목표를 분리하세요. 꿈은 두근거리는 꿈으로만 남겨두고, 달성 가능한 것을 '목표'로 삼는 게 좋습니다. 현재 내 처지에서 실천 가능한 노력으로, 현실적으로 성공 가능한 목표를 지향해야 하는 것이지요. 그래야만 기쁨과 보람을 느낄 수 있습니다. 예를 들면, '하루 한 끼씩 먹으며 몇 달을 살아서 10kg을 감량하겠다'는 건 꿈이고, '하루 세 끼를 다 먹는 대신 야식을 끊어서 3kg을 감량하겠다'는 건 목표입니다.

꿈이 '넌 이것도 못 하니?'라고 당신을 비난하게 두지 마세요. 꿈이 여러분에게 상처 주도록 허락하지 마세요. 당신은 꿈보다 훨씬 소중한 존재니까요.

Key point ━━━━━━━━━━━━━━━━━━━━━━━━━━━━

소년, 소녀여 현실적인 꿈을 꾸어라!

자신감은 사라져도 자존감은 평생 간다

자신감과 자존감의 차이점

자존감이라는 단어는 흔하게 쓰이지만 종종 잘못된 의미로 전달되기도 합니다. 특히 자존감과 자신감을 혼동해서 사용할 때가 많습니다. 우리나라 넘버원 축구선수 손흥민, 최고 부자 이재용. 이분들은 과연 자존감이 높은 사람일까요?

대답은 '알 수 없다'입니다. 손흥민, 이재용이 확실하게 가지고 있는 것은 높은 '자신감'이지, 높은 '자존감'을 가졌다고는 말할 수 없어요. 그 이유를 설명해 드리겠습니다.

자신감이란 '자신이 가진 능력에 대한 주관적인 믿음'을, 자존감은 '능력에 관계없이 자신을 사랑하는 마음 그 자체'를 의미합니다. 능력은 언제든 변할 수 있는 것이니 자신감은 상황에 따라 변화할 것입니다. 자신의 능력을 충분히 펼칠 수 있는 상황에서는 자신감이 높아지고, 반대의 상황에서는 낮아지겠지요. 반면 '능력에 관계없이 나를 사랑하는 마음'인 자존감은 상황에 따라 크게 변하지 않습니다. 이해를 돕기 위해 예를 하나 들어보겠습니다.

처음으로 해외여행을 떠나서 태국 공항 한가운데 혼자 서 있다고 가정해봅시다. 아마 대부분의 사람들은 이렇게 생각할 것입니다. '모두 나랑 다르게 생겼어. 한국말도 영어도 안 통하니 뭘 물어볼 수도 없네. 난 도대체 어디로 가야 하지?' 이렇게 낯설고, 내 능력을 발휘할 수 없는 상황에 처하면 자신감이 떨어집니다. 하지만 같은 상황에서 자존감이 갑자기 하락하지는 않을 것입니다. 낯선 상황이 잠시 당황스러울 뿐, 나에 대한 마음에 영향을 주지는 못하니까요. 이처럼 자존감은 주변 상황에 영향을 받지 않는 안정적인 심리 특성입니다.

그럼 이제 손흥민과 이재용의 사례를 다시 생각해볼까요? 손흥민의 축구 실력과 이재용의 재력은 그들이 가진 능력입니다. 즉, 이들은 좋은 능력을 가지고 있기 때문에 자신감이 높을 것이라고 예상할 수는 있지만, 그렇다고 자신을 사랑하는 마음인 자존감이 높다고 단정 지을 수는 없습니다. 수백억의 돈과 세계 일류의 능력을 가진 사람들이 낮은 자존감으로 스스로를 미워했다는 이야기는 그리 드물지 않으니까요.

이렇게 자신감과 자존감은 명확히 다른 특성인데도 종종 혼동됩니다. 특히 자존감이 낮은 사람들이 이렇게 생각하곤 하지요.

'나는 능력이 부족해서 자존감이 낮아.'

현재 내가 가진 능력치가 낮다고 해서 한 인간으로서의 내 가치가 떨어지는 것은 아닌데, 우리는 왜 이렇게 생각하게 되는 것일까요? 이런 흔한 착각이 널리 퍼지게 된 데에는 우리의 성장환경 탓이 큽니다.

'옆집 정희는 서울대에 합격했대. 정말 대단한 아이야.'
'나는 의사이니 존경받을 만한 가치가 있는 인간이야.'
'연봉이 1억이래! 멋지네.'

살면서 한번쯤 들어본 익숙한 말들이지요? 한국에서는 행동이나 성과로 인간 자체를 평가하는 좋지 못한 문화가 있습니다. 외모, 직업, 돈으로 사람의 가치를 매깁니다. 혹시 여러분도 '당연한 일 아니야?'란 생각이 들었나요? 그렇다면 이 생각이 얼마나 황당한 소리인지 살펴볼게요. 방법은 간단합니다. 이 말들을 뒤집어봅시다.

'옆집 정희는 서울대에 못 갔어. 정말 창피해.'

'나는 의사가 아니니 존경받을 가치가 없는 인간이야.'

'연봉이 1억이 안 돼. 멋없다.'

아주 이상한 말이 됩니다. 능력으로 인간을 평가하는 것은 참 우스꽝스러운 일입니다. 왜냐하면 능력은 평생 고정되어 있지 않기 때문입니다. 성적, 직업, 돈을 버는 능력까지 노력에 따라 얼마든지 변화하고 성장합니다. 지금 눈앞의 과제에 실패했더라도 다음 기회가 있습니다.

그리고 능력은 여러분을 보여주는 퍼즐 한 조각일 뿐입니다. 연봉이 높으면 훌륭한 사람일까요? 연봉은 내가 가진 다양한 측면 중 하나일 뿐입니다. 그 외에도 나에겐 주변에 대한 배려, 잘못된 행동에 나설 줄 아는 정의감, 성실함 같은 여러 가지 측면이 있습니다. 돈만 잘 번다고 훌륭한 직업이라면 은행 강도가 가장 훌륭한 직업이겠지요. 일의 재미, 적성, 워라밸, 사회에 끼치는 공헌도 등 좋은 직업의 평가 기준은 셀 수 없이 많습니다.

몇 가지 조건만으로 인간 전체를 평가하는 것은 매우 비논리적인 일입니다. 모든 인간은 수십 가지 얼굴을 가진 존재이니까요. 누군가의 딸, 아들, 오빠, 누나, 동생, 누군가의 친구, 애인, 직장에서의 선배, 후배 등 우리는 매순간 다른 얼굴로 변신합니다.

또한 연봉, 외모 말고도 유머 감각, 요리 실력, 운동신경, 그림 실력, 글재주, 가족을 사랑하는 마음, 친구를 아끼는 마음 등 수많은 개성을 가지고 있습니다. 여러분은 10,000개의 조각으로 이루어진 퍼즐입니다. 그런데 10,000개 퍼즐 조각 중 고작 2, 3개를 보고 자신을 평가하는 것은 바보 같은 일입니다.

직업, 연봉, 외모 때문에 잠시 자신감을 잃을 수는 있습니다. 자신감은 주변 상황에 따라 변하기 때문입니다. 하지만 나를 아끼는 마음인 자존감을 잃지는 마세요. 직업, 연봉, 외모 그 무엇도 '나'라는 존재를 설명하지는 못하니까요.

Key point ────────────────────────────

자신감은 '할 수 있다'는 능력에 대한 믿음.
자존감은 '할 수 없어도' 있는 그대로의 나를 좋아하는 애정.

나를 아끼는 건 마음보다 행동으로

나를 사랑하는 가장 효과적인 방법

'넌 지금 그대로 충분해.'

나를 좋아하기 위해 꼭 명심해야 할 말이에요. 그러나 말을 되뇌는 것만으로는 많이 부족합니다. 더 중요한 것이 바로 실천입니다. 누군가를 진심으로 좋아해본 적 있나요? 그 사람의 얼굴을 떠올려봅시다. 그 사람을 생각하면 어떤 마음이 드나요? 그 사람에게 무엇을 해주고 싶나요? 저마다 차이는 있겠지만 '그가 웃었으면 좋겠다'라는 마음만은 모두가 똑같을 거예요. 당신이 실천해야 할 일도 이와 똑같습니다. 당신이 당신을 진심으로 좋아한다면 스스로를 즐겁게 해주어야 합니다!

당신을 미소 짓게 만드는 행동은 무엇인가요? 친구와 수다 떨기, 맛있는 커피와 디저트, 금요일 저녁 치킨, 침대에 누워 유튜브 보기…. 뭐든 괜찮습니다. 당신이 재밌어하는 일을 찾고 실천하세요. 다만 실천하기 전 한번 고민해봐야 할 문제가 있습니다.

'과연 그 일이 진정으로 날 즐겁게 할 일인가?'

모든 행동에는 빛과 그림자가 있는 법입니다. 정말 즐겁다고 생각하는 일이 결과적으로는 날 고통스럽게 만들기도 합니다. 조금 극단적인 예를 들어 '마약'은 즐거운 일일까요? 마약은 어떤 것과도 비교할 수 없는 쾌감을 준다고 알려졌지만, 애인에게 마약을 권하는 사람은 없습니다. 왜냐하면 아주 잠깐의 쾌감이 지나간 후엔 오랜 기간의 정신적 고통과 함께 신체에 치명적인 손상을 입히고, 심지어 감옥에 갇히게 할 수도 있으니까요. 마약의 쾌감과 마약 중독과 체포의 위험성을 비교해본다면 마약은 즐겁기보다는 오히려 당신을 고통에 빠뜨리는 일이 됩니다. 마약과는 반대로 당장은 고통스럽지만 결국은 날 즐겁게 만드는 일도 있지요. 예를 들어, 다이어트. 괴로워도 한 달만 고생하면 건강해진 내 모습이 즐거움을 선사해줍니다.

눈앞의 즐거움에만 빠져버린다면 앞으로의 일이 걱정이지요. 그렇다고 즐거움을 미루기만 한다면 일상은 불만으로 가득 차버

릴 것입니다. 그러니 나를 행복하게 만드는 일을 찾을 때 즐거움과 괴로움 양쪽 모두를 고려해 어느 쪽이 당신을 진정으로 미소 짓게 만드는 일인지 생각해야 합니다.

치킨을 먹는 건 즐거움이겠지만, 치킨을 먹어서 살찌는 건 괴로움이겠지요. 밤새 스마트폰을 하면 즐겁겠지만 다음날 눈이 안 떠지고 피곤해서 괴로울 겁니다. 피아노나 기타 같은 악기를 연습하면 잘 다루게 되어서 즐겁겠지만, 악기 연습은 귀찮기에 괴롭습니다.

핵심은 즐거움과 책임감 사이의 '타협점'을 찾는 일이에요. 치킨보다 내 건강이 더 중요하다면 '8시 이후 치킨 금지' 같은 타협점을 세워야겠지요. 아무리 생각해도 치킨의 행복이 더 크다면 스트레스는 접어두고 마음껏 즐기세요. 무엇이 당신을 가장 행복하게 만들지 가장 잘 아는 사람은 당신이니까요. 진정 자신을 좋아한다면 긴장을 풀어주는 일, 마음을 편안하게 만드는 일, 나를 미소 짓게 만드는 일을 찾아 실천해주세요. 당신이 즐거우면 즐거울수록, 더 많이 웃을수록 스스로를 더욱 좋아하게 될 거예요.

Key point ─────────────────────────────

행동 없는 곳에 행복은 있을 수 없다.

타인이 편해지는 관계의 알고리즘

배려는 지능이다

사회적 뇌 가설

인간이 똑똑해진 이유는 무엇일까요?

이 질문에 대부분은 '지능'이라고 답합니다. 물론 지능도 한 가지 답이기는 하지만 가장 큰 이유는 아닙니다.

마음의 알고리즘 세 번째 주제로 들어가기에 앞서 타임머신에 탑승해주세요. 시간대는 B.C. 17만 년, 장소는 아프리카입니다.

아프리카의 한 초원. 이따금 울려 퍼지는 새와 벌레 소리, 그리고 바람에 부딪히는 갈대의 속삭임 외에는 아무것도 들리지 않는 고요한 밤. 시원한 공기, 동굴 안 푹신한 나뭇잎 더미 위에서 한 남자가 평화로운 미소를 짓고 행복하게 잠을 자고 있었다.

제3장 타인이 편해지는 관계의 알고리즘

'샤삭. 샤사샥.' 주변 갈대들의 속삭임이 점점 비명으로 변해갔다. 도깨비불 두 개가 빛을 뿜으며 갈대 사이를 갈랐다. 갈대의 비명이 멈췄을 때 갈대 사이로 황금빛의 거대한 형체가 모습을 드러냈다. 도깨비불의 정체는 사자였다.

사자는 발소리도 없이 남자가 잠들어 있는 동굴로 들어갔다. '그르르' 사자의 거대한 입이 쩍하고 열렸다. 남자의 머리 위로 뜨거운 입김이 쏟아지자 이상한 낌새를 눈치챈 남자가 눈을 떴다.

"사, 사⋯. 컥."

남자의 외마디 비명보다 사자의 이빨이 훨씬 빨랐다. 남자는 있는 힘껏 버둥댔지만 채 1분도 지나지 않아 남자의 움직임이 멈췄다. 사자는 느리지만 만족스러워 보이는 걸음으로 남자를 입에 문 채 아기 사자들이 기다리는 보금자리로 향했다.

이 불쌍한 남자는 17만 2천 년 전 아프리카에 살았던 유인원, 호모 사피엔스 종이었습니다. 요즈음에는 이 호모 사피엔스를 두 글자로 줄여 말합니다.

'인간'.

17만 2천 년 전의 이 남자와 우리는 거의 똑같은 생물입니다. 차이점은 그가 우리보다 뇌가 약간 작다는 점뿐입니다. 초원에서 이 남자가 살아남는 데 필요한 것은 무엇이었을까요? 커다란 무기? 어떤 무기로도 사자를 상대하기는 힘들었을 거예요. 강한 근육? 사자랑 힘겨루기는 자살행위입니다. 불? 불이 있을 땐 사자가 접근하기 힘들겠지만 잠자는 사이에 불은 꺼지기 쉽습니다. 아무리 생각해도 뾰족한 방법은 없습니다. 그럼에도 불구하고 인간이란 종은 살아남았습니다. 살아남은 정도가 아니라 지구상 최강종으로 군림하고 있지요. 인간이 지구의 지배자가 된 이유는 무엇이었을까요?

종 단위인 인간의 생존전략은 지능이 아닌 바로 '관계'입니다. 호모 사피엔스, 인간은 굉장히 허약한 종입니다. 힘은 동물 중 하위권, 뜀박질은 거의 꼴찌 수준입니다. 인간 한 명, 한 명은 정말 약해 빠졌지요. 그런 인간에게 고립은 곧 죽음입니다. 인간은 살아남기 위해서 '관계'를 맺었습니다. 허약하디 허약한 인류가 아프리카 초원에서 살아남기 위한 전략은 '무리 짓고 협력하기'였던 것이지요.

관계와 협력을 통해 고도로 기능적인 인간 사회가 만들어졌습니다. 이 사회 속에서 이루어지는 상호작용을 통해 개개인의 인간은 보호될 수 있었고, 어린이, 노약자, 장애인 등의 약자까지 생존할 수 있게 되었지요. 이 전략은 그 어떤 종의 동물도 인간을 함부로 넘볼 수 없게 만들었습니다. 우리 조상들은 항상 가족, 친구, 이웃을 곁에 두고 살았습니다. 끝까지 함께하기를 거부했던 조상들은 대부분 위의 원시인과 같은 최후를 맞이했을 겁니다.

당연히 자식이 없어 자신의 유전자를 남기지 못하고 사라졌을 가능성이 큽니다. 이와 달리 가족, 동료와 함께했던 인간의 유전자를 물려받은 자손이 바로 우리입니다.

혹시 '관계보다 지능이 먼저 아닌가? 똑똑하니까 무리 지어 살았겠지'라는 생각이 떠오르셨나요? 그런데 이 선후 관계를 완전히 반대로 생각한 사람이 있습니다. 캘리포니아 대학의 심리학자 매튜 리버만_{Matthew D. Lieberman}은 말합니다.

"인류는 관계로 인해 똑똑해졌다."

인류가 아프리카 구석에 있는 정글의 흔하고 약한 동물 중 하나였을 때 인류는 약 10명 단위의 소규모 집단생활을 했습니다. 그들은 더 많은 동물을 사냥하기 위해 초원으로 나왔습니다. 정글 생활과 달리 탁 트인 초원에서는 숨을 곳이 마땅치 않았습니다. 스스로를 보호하기 위해 인류는 관계의 크기를 늘립니다. 이 시기에 집단의 크기가 약 100~200명으로 대폭 늘어났다고 합니다. 위의 원시인이 겪은 일을 피하기 위해서였습니다.

10명 정도가 함께 생활하면 원하지 않아도 모두가 서로를 속속들이 알게 됩니다. 따로 머리를 굴릴 필요가 없지요. 그러나 같이 사는 사람이 100명을 넘기면 낯선 사람이 생깁니다. 아빠 친구 딸, 할아버지 형제의 손자, 사돈의 팔촌 등 복잡한 관계가 발생합니다. 이에 더해 낯선 사람과 함께 살면서 경계심이 생겨납니다. '저 인간은 난폭해서 건들면 안 돼', '내가 감춰둔 닭다리를 훔쳐 먹은 놈이 저 녀석인가?', '저 남자가 날 좋아하나?' 등 상대의 특징과 숨은 의도를 파악하기 위해 계속 고민해야 자신의 안전을 지킬 수 있습니다. 10명이 함께 살 때보다 머리를 쓸 일이 엄청나게 늘어나는 겁니다.

'인간이 똑똑해진 이유는 집단생활 때문이다.'

이 주장을 '사회적 뇌 가설social brain hypothesis'[1]이라 부릅니다. 실제 고인류 유골의 머리뼈 변화를 살펴보면 인간의 뇌가 급격하게 커진 시기와 집단의 크기가 크게 팽창한 시기가 맞물려 있다고 합니다. 사회적 뇌 가설의 입장에서 보면 인간은 똑똑해서 살아남은 것이 아닙니다. 살아남기 위해 관계를 늘렸더니 덤으로 똑똑해진 거지요. 인류 역사상 가장 값진 덤이라고 할 수 있겠네요.

Key point ————————————————————
관계가 인간을 똑똑하게 만들었다.

진통제는 관계의 통증도 잡아준다

—

'이별의 아픔에 진통제가 효과가 있을까?' 실험

뇌가 최우선으로 생각하는 과제는 바로 '생존'입니다. 심장이 멈추지 않게 하기, 체온 36도로 유지하기 등은 모두 뇌에서 생존을 위해 쉼 없이 처리하는 업무입니다.

'고통'도 뇌가 우리의 생존을 위해 하는 업무입니다. 만약 피가 나거나, 다리가 부러졌거나, 배탈이 났는데도 아무런 고통도 느끼지 못한다면 치료할 필요가 없다고 생각하고 상처를 방치하다가 목숨이 위험해질 것입니다. '이러다 큰일 나! 빨리 치료해!'라는 뇌의 급박한 외침이 바로 고통입니다.

발바닥에 압정이 박히면 발바닥이 아프겠지요? 그런데 이 통증의 진원지는 사실 발바닥이 아니라 뇌입니다. 발바닥에 압정이 박히는 순간 뇌의 '통증발생기'인 전방대상피질anterior cingulate cortex에 불이 켜집니다. 이 통증발생기가 발바닥에 전기신호를 보내 통증을 느끼게 되는 것입니다.

현대 뇌과학은 이러한 고통을 연구하다가 무척 신기한 사실을 발견했습니다. 신체에 아무런 상처도 없는데 뇌의 통증발생기에 불이 켜지는 현상을 발견한 것입니다.

그 순간이란, 친구나 가족이랑 싸웠을 때, 외로울 때, 애인과 헤어졌을 때였습니다. 놀랍게도 이런 인간관계에 의한 고통이 신체적 고통을 느낄 때 활성화되는 뇌 부위와 동일한 곳에서, 동일한 방법으로 발생된다는 사실이 fMRI(자기공명 영상장치) 촬영으로 증명되었습니다.[1]

이 실험 결과를 들은 미국 켄터키 대학 심리학자 네이든 드월C. Nathan DeWall은 재밌는 아이디어를 생각해 냅니다.

'인간관계의 고통을 줄이는 데 타이레놀(진통제)이 효과가 있겠는데?'

드월은 이 기발한 발상을 과학적으로 증명해보고자 마음먹고 유명한 '타이레놀Acetaminophen 실험'[2]을 기획합니다. 우선 대학생 62명을 모집한 드월은 대학생들을 A와 B 두 집단으로 나눕니다. 그리고 62명의 대학생에게 두 가지 과제를 내줍니다.

첫째. 3주 동안 매일 인간관계 고통의 정도를 기록할 것

둘째. 매일 두 개의 알약을 먹을 것

이때 A 그룹에는 타이레놀을 주고, B 그룹에는 밀가루로 만든 알약을 주었습니다. 물론 두 그룹 모두 약의 정체가 무엇인지 몰랐지요. 그렇게 3주가 지나갑니다. 과연 타이레놀은 인간관계에서 오는 고통을 줄여주었을까요?

터무니없어 보였던 이 실험의 결과는 정말 놀라웠습니다. 매일 타이레놀을 복용한 A 그룹은 B 그룹에 비해 인간관계로 인해 겪는 고통이 감소했습니다. 심지어 날이 가면 갈수록 고통은 더욱 크게 줄어들었지요. 실험 시작 시 비슷했던 두 그룹의 고통 지수는 21일 차에 이르면 상당한 차이를 보이게 됩니다. 타이레놀이 실질적으로 마음의 고통에 영향을 끼친 것이지요.

드월은 여기서 한발 더 나아가 fMRI를 이용해 실험 참가자의 뇌 영상을 촬영합니다. 그리고 타이레놀이 인간관계 고통을 느끼는 뇌 부위인 전방대상피질과 전선엽의 활성도를 줄인다는 사실을 확인했습니다. 물론 이 부위는 앞서 설명했듯이 신체적 고통도 유발하는 부위입니다. 이 실험을 통해 알 수 있는 사실은 이것입니다.

'우리의 뇌는 칼에 베이는 일과 타인과의 불화, 두 가지 모두 생존을 위협하는 상황이라고 받아들인다.'

그래서 빨리 치료하라고, 혹은 빨리 관계를 회복하라고 고통을 통해 경고신호를 울려주는 것입니다. 우리의 뇌가 수십만 년에 걸친 경험으로 몸의 상처만큼 사회적 따돌림도 생존에 위협적이라는 사실을 인식하고 있기 때문입니다.

우리의 뇌가 생존을 위해 만든 시스템은 고통만이 아닙니다. 채찍만으로 말을 달리게 하는 것은 한계가 있기에 우리의 뇌는 당근도 준비했습니다. 생존을 위해 뇌가 준비한 당근이 바로 '행복감'입니다. 한번 행복감을 느낄 때를 생각해보세요.

'한여름 땡볕 아래 있다가 에어컨 튼 카페로 들어가 시원한 음료수를 마실 때'. 갈증이 해소되는 때죠. '배고파 쓰러지기 직전에 부엌에서 삼겹살을 굽는 냄새를 맡았을 때'. 곧 식욕이 충족되는 때고요. '밤 11시까지 야근에 시달린 후 겨우 침대에 누웠을 때'는 수면 욕구가 채워지겠고, '영하 10도, 집으로 돌아와 이불 속으로 쏙 들어갈 때'는 체온 유지가 가능한 때겠죠. '오랜 친구와 만나 이야기 나눌 때, 가족과 즐겁게 떠들 때'는 인간관계 욕구가 충족될 때고요.

모두 생존에 필수적인 욕구들입니다. 그리고 이 욕구가 충족될 때 우리는 행복감을 느낍니다. 고통의 짝이 회피라면 행복감의 짝은 중독입니다. 라면을 한 번도 안 먹어본 사람은 있어도 한 번만 먹어본 사람은 없는 것처럼 인간은 행복감을 좇아, 먹고, 따뜻함을 찾고, 사람을 사귀는 일을 반복합니다. 덕분에 인류는 지금까지 살아남았습니다.

인간관계는 진통제가 필요할 만큼 아픈 상처를 주기도 하지만, 그보다 재미, 감동과 같은 수많은 행복감을 선사할 때가 더욱 많습니다. 실제로 인간의 행복에서 매우 중요하고 필수적인 조건이 '주위에 나를 진정으로 좋아하고 아껴주는 사람이 있는가'라고 하지요.

'좋은 관계'는 심리학자들이 수많은 연구를 통해 검증한 행복의 절대적인 조건입니다. 이를 입증한 연구를 한 가지 더 살펴볼까요? 심리학에서 성격을 이야기할 때 가장 널리 이용되는 척도는 빅파이브Big 5(신경성, 외향성, 개방성, 우호성, 성실성)입니다. 이 빅파이브 중 행복과 가장 연관성이 높은 것은 '외향성' 요인입니다.[3, 4] 외향성은 새로운 사람들과 만나고 관계 맺기를 좋아하는 성향입니다. 하버드 의과대학의 정신의학자 조지 베일런트George Vaillant는 간단하지만 의미 있는 질문을 통해 외향성 요인이 행복에 크게 관여한다는 사실을 밝혀냈습니다.[5] 연구에서 사용한 질문은 아래와 같습니다.

'새벽 4시에 마음 놓고 전화해서 고민을 털어놓을 수 있는 사람이 있나요?'

베일런트는 이 질문에 대답한 사람들을 따라다니며 수십 년간 그들의 건강을 조사했습니다. 그 결과, 새벽 4시에 마음 놓고 전화할 사람이 있다고 대답한 사람이 없다고 대답한 사람보다 더 건강하고 오래 살 가능성이 높다는 결론을 내립니다.

연봉이 적어도, 내 외모가 마음에 안 들어도, 가슴이 답답해 잠 못 이루는 새벽, 주저 없이 전화할 사람이 있다면 당신은 행복한 사람일 것입니다.

Key point ———————————————————————

행복은 키스와 같다. 진정 행복하기 위해선 나눌 상대방이 있어야 한다.

첫인상만 신경 써도 반은 성공이다

―

첫인상의 법칙 실험

　대학교 신입생 첫 오티, 첫 직장 출근, 소개팅 등 사람을 처음 만날 때만큼 긴장되는 순간은 없을 것입니다. '내가 잘할 수 있을까?', '이 사람들과 틀어지면 어떡하지?' 같은 생각에 두려워지기도 합니다. 이런 고민을 가진 여러분에게 미국의 심리학자 솔로몬 애쉬Solomon Asch의 실험을 하나 소개해 드리겠습니다.[1] 애쉬는 실험을 위해 대학생을 모집한 후 그들에게 두 명(A, B)의 자기소개서를 보여줍니다.

　　A : 똑똑하고 성실함. 성격이 충동적이고, 친구 뒷담화를 좋아함. 고집이 세고 질투가 많음

　　B : 질투가 많고, 고집이 셈. 친구 뒷담화를 좋아함. 성격이 충동적임. 똑똑하고 성실함.

눈치채셨나요? A와 B의 자기소개서 내용은 한 가지만 빼놓고 똑같습니다. 바로 '순서'입니다. A의 자기소개서에는 '똑똑하고 성실하다'는 장점이 먼저 나왔고 그다음에 '충동적이고 친구의 뒷담화를 좋아하고 고집이 세다'는 단점이 나왔습니다. 반대로 B의 자기소개서에는 '충동적이고 친구의 뒷담화를 좋아하고 고집이 세다'는 단점이 먼저 나왔고 그다음에 '똑똑하고 성실하다'는 장점이 쓰였습니다. 애쉬는 실험 참가자들에게 묻습니다.

"A와 B 중 누구에게 더 호감이 가나요?"

놀랍게도 실험에 참가한 대부분은 A를 선택합니다. 왜냐하면 인간은 먼저 주어진 정보에 더 집중하기 때문입니다. 처음에 똑똑하고 성실한 사람이라는 인상이 심어지면, 그 후에 충동적이고 뒷담화를 잘하고 고집이 세고 질투가 많다는 나쁜 평가들은 옅어집니다. 반대로 처음에 질투가 많고, 고집 세고, 뒷담화를 잘한다는 인상이 생기면 나중에 가서 아무리 똑똑하고 성실한 면을 보여줘도 잘 알아주지 않습니다. 첫인상이 관계에 매우 큰 영향을 끼치는 것이지요.

그렇다면 첫인상은 얼마나 유지될까요? 콜로라도 대학의 심리학자 박 베르나데트Park Bernadette는 첫인상이 변하는 데 시간이 얼마나 걸릴지 궁금했습니다. 베르나데트는 이를 알아보기 위해 실험을 준비했습니다.[2] 그녀는 일주일에 두 번 대학 수업을 진행했는데 수업이 끝날 때마다 학생에게 질문을 던졌습니다.

"수잔, 함께 수업을 듣는 친구 A, B, C에게 어떤 인상을 받았나요?"

수잔은 처음에 이렇게 대답했어요.

"A는 착해요. B는 똑똑해보여요. C는 무뚝뚝한 사람 같아요."

베르나데트는 수업을 듣는 거의 모든 사람에게 같은 질문을 던지고 이를 통해 첫인상을 파악했어요. 이 수업은 7주 동안 계속됐는데 베르나데트는 수업이 끝날 때마다 학생들을 불러 똑같은 질문을 총 14번 반복해서 물어보았습니다. 7주 동안 14번의 만남을 통해 학생들의 대답은 어떻게 달라졌을까요? 7주 후, 수잔의 답은 다음과 같았습니다.

"A는 착해요. B는 똑똑해보여요. C는 무뚝뚝한 사람 같아요."

7주, 14번의 만남 동안에도 3명의 학생에 대한 수잔의 첫인상은 전혀 달라지지 않았습니다. 수잔만이 아니었습니다. 수업에 참여했던 거의 모든 학생이 처음에 느꼈던 인상과 7주 후에 느낀 인상에 대해 거의 비슷하게 답했습니다. 이외에도 첫인상이 어떻게 변하는가에 대한 많은 심리학 연구가 비슷한 결론을 내놓았습니다.

"첫인상은 시간이 지나도 쉽게 변하지 않는다."

심리학자들은 적어도 1~2개월은 첫인상이 변하지 않는다고 강조합니다. 경우에 따라 6개월에서 1년이 지속될 수도 있습니다. 만일 대학교, 직장, 모임 등 새로운 집단에 참여하게 된다면 꼭 명심하세요. 지금 내 말, 표정, 행동은 최소 1개월 동안 주변 사람의 마음에 남는다는 것을요. 좋은 첫인상을 남기는 건 좋은 관계로 들어가는 입구와 같습니다. 상대방이 당신의 첫인상에 호감을 느낀다면 앞으로의 관계도 순조롭게 풀릴 가능성이 높습니다.

무표정하게 있지 말고 미소를 띠는 건 어떨까요? 웃는 얼굴로 먼저 말을 걸어보면 어떨까요? 상대방의 말에 격하게 맞장구쳐주시는 것도 좋은 방법이 될 수 있습니다. 처음 인사한 후 단 몇 분만 나의 표정, 행동, 말에 주의를 기울이면 그 효과는 짧게는 한 달 길게는 1년이 갈 수도 있으니 굉장히 남는 투자 아닐까요?

Key point ─────────────────────────────

좋은 첫인상을 남길 소중한 기회는 두 번 다시 오지 않는다.

말주변이 없어도 좋은 관계를 맺는 방법

—

유사성의 법칙 실험

좋은 첫인상만으로도 관계의 문은 반쯤 열린 셈입니다. 여기서 한 발짝 더 나아가기 위해서는 '대화'가 필요합니다. 그런데 원체 말주변이 없거나 너무 긴장해서 말이 잘 안 나올 때가 있습니다. 그래도 너무 기죽을 필요는 없어요. 아직 익숙하지 않은 사람과의 대화는 누구에게나 겁나는 일이니까요. 날씨, TV 프로그램, 연예인 같은 가벼운 화제로 대화를 시작해볼 수도 있습니다. 시시한 이야기일지라도 거기서부터 시작해서 공통점, 비슷한 취향을 발견해 나갈 수 있을 것입니다.

그럼에도 불구하고 말이 서툴거나 낯을 많이 가려서 대화가 힘들다면, 말하지 않고서도 호감도를 올릴 수 있는 방법을 소개해 드리겠습니다.

뉴욕 대학의 심리학자 타냐 차트랜드Tanya L. Chartrand는 한 가지 궁금증이 들었습니다.

'말을 잘해야만 상대방에게 호감을 살 수 있을까? 말을 잘 못하면 상대방의 호감을 살 방법은 없는 걸까?'

이 의문을 해결하기 위해 차트랜드는 실험을 계획했습니다.[1] 차트랜드는 78명의 대학생을 실험 참가자로 모집합니다.

"이 실험은 사람들이 사진을 보고 말로 어떻게 설명하는지 알아보는 실험입니다. 실험이 시작되면 두 명씩 짝을 지어 각자의 사진을 서로에게 15분 동안 설명해주세요."

사람들은 둘씩 짝지어 사진에 관해 이야기를 나누었습니다. 그런데 여기에 참가자는 모르는 비밀이 숨겨져 있었습니다. 참가자 78명은 사실 다른 참가자와 짝지어진 게 아니라 실험 보조원과 짝지어졌고 그와 대화를 했습니다. 그리고 이 보조원 중 절반은 특별한 의무를 부여받았습니다. 바로 '상대방 행동을 복사해서 따라 하기'입니다. 상대방이 다리를 꼬면 같이 다리를 꼬고, 몸이 왼쪽으로 기울어져 있으면 같은 쪽으로 기울이고, 상대방이 고개를 까딱이면 똑같이 고개를 까딱여야 했지요.

A 그룹 : 행동을 몰래 복사하는 보조원과 대화

B 그룹 : 행동을 복사하지 않는 보조원과 대화

A 그룹의 실험 보조원들은 모두 상대방의 행동을 열심히 따라 했어요. 반면 B 그룹의 보조원들은 두 발은 바닥에 딱 붙이고, 손은 사진을 잡거나 무릎에 얌전히 올려놓은 채 대화를 진행했습니다. 15분간 대화한 후, 차트랜드는 실험 참가자들에게 대화가 얼마나 부드럽게 진행되었는지, 상대방에게 얼마나 호감을 느꼈는지 질문했습니다.

행동을 몰래 복사하는 보조원과 대화한 A 그룹 실험 참가자들은 상대와 대화할 때 더 큰 호감을 느끼고, 대화도 더 부드럽게 나누었다고 대답했습니다. 놀라운 것은 참가자 중 무려 98%가 그렇게 대답했다는 사실입니다. 왜 이런 일이 벌어졌는지, 실험 참가자 중 그 누구도 이유를 설명하지 못했습니다. 그들은 보조원이 자신을 따라 했다는 사실을 눈치채지 못했으니까요. 오직 실험 참가자 중 1명이 '상대방이 나와 비슷한 버릇이 있네'라고 생각했다고 합니다.

이 실험이 우리에게 알려주는 것이 뭘까요? 바로 대화를 할 때 상대에게 호감을 주는 요소는 말, 유머 감각, 얼굴만이 아니라는 점입니다.

자신과 비슷하다고 느끼게 하는 것만으로도 상대의 호감을 살 수 있습니다. 흥미로운 건 이 모든 과정이 무의식적으로 일어난다는 겁니다. 실험에서 상대방이 날 따라 했다는 사실을 몰라도 대화도 더 잘 통한다고 생각하고, 호감도도 올라갔으니까요. 차트랜드는 이 현상을 '카멜레온 효과'라고 이름 붙였습니다. 카멜레온 효과의 발생 원인은 이것입니다.

"인간은 자신과 닮은 사람을 좋아한다."

좋아하는 음식, 취미, 즐겨보는 드라마, 화내는 법, 화해하는 법, 취향 또는 성격 등이 비슷한 사람들은 서로 호감을 느낍니다.[2] 또한 눈, 코, 입, 턱 등 외모가 비슷하면 비슷할수록 더 매력을 느낀다고 합니다. 우리는 카멜레온 효과를 통해 많은 것을 배울 수 있습니다. 만약 여러분이 새로운 모임에서 가깝게 지낼 사람을 찾고 있다면 고민하지 말고 나와 가장 닮은 사람을 찾으세요. 닮은 사람을 찾는 것이 좋은 관계를 만드는 첫걸음이 될 수 있습니다. 만약 가까워지고 싶은 사람이 나와 매우 다르다면 호감을 생성하는 데 시간이 걸릴 수 있습니다. 서두르지 말고 천천히 다가가는 게 더 좋을 것입니다.

물론 행동을 따라 하고 비슷한 점이 많다는 것만으로 무조건

사이가 가까워지지는 않을 겁니다. 가장 중요한 일은 마음을 열고, 상대방과 진심을 나누는 것이겠지요. 다만, 누군가와 가까워지려고 할 때 화려한 말재주만이 전부가 아니라는 점은 기억해 주세요.

Key point ────────────────────────────────────
친밀한 관계는 차이점이 아닌 공통점으로 만들어진다.

6가지 규칙만 지켜도 관계가 가까워진다

—

진정한 관계의 법칙

어린 시절, 관계는 참 단순했습니다. 친구와 놀고 싶을 때 같이 만나서 놀고, 화가 나면 싸우고, 하루 만에 풀리고, 다시 만나 웃으면 그만이었지요. 그런데 커 갈수록 인간관계가 점점 복잡하고 어렵게 느껴집니다. 상대방이 나를 생각하는 마음이 나보다 가벼운 것 같아서 서운하고, 내 말을 오해하고 잘 못 받아들여 싸우기도 합니다. 마음이 상하면 금방 풀리기 힘들고, 말실수에 관계가 무너지기도 합니다.

관계가 어려워지는 이유 중 하나는 각자가 생각하는 이상적인 관계의 모습이 다르기 때문입니다. 가까워질수록 상대방도 나와 같은 마음이기를 바라고 요구합니다. 그러나 타인과 나는 완전히 똑같을 수 없습니다. 상대에게 바라는 점, 거리의 정도, 친밀함의 표현 방식 등이 다르기에 각자가 생각하는 '진정한 관계'의 모습 또한 다릅니다.

하지만 인간이라면 보편적으로 동의하는 좋은 관계의 조건도 있지 않을까요? 인간의 마음을 연구하는 심리학에서 바라보는 이상적인 관계란 어떤 모습일까요? 영국 옥스퍼드 대학의 심리학자 마이클 아가일Michael Argyle은 이 답을 얻기 위해 질문을 던집니다.

'진정 가까운 관계의 사람에게 바라는 것은 무엇일까?'

아가일은 문화, 국적을 초월해 인간이 바라는 진정 가까운 관계란 무엇인지 탐구하기 위해 영국, 이탈리아, 홍콩, 일본 등 다양한 문화권의 사람들에게 이 질문을 던졌습니다. 그리고 사람들의 대답에서 공통적인 요소를 분류했습니다.

전 세계의 사람들은 진정한 관계라면 다음과 같은 6가지 모습을 보여줘야 한다고 대답했습니다. 아가일은 이 6가지 모습에 '관계의 법칙Rules for social relationships'[1]이라는 이름을 붙였습니다. 이 법칙을 보기 전에 여러분이 가진 관계의 법칙을 생각해보고 비교해보아도 재밌을 것입니다.

관계의 법칙 Rules for social relationships

1번. 기쁨을 함께 공유하고 기뻐해주기

2번. 정서, 감정적 지지를 보여주기

3번. 어려울 때 자발적으로 돕기

4번. 서로 믿고 비밀을 나누고, 지키기

5번. 함께 있을 때 재밌게, 행복하게 해주기

6번. 상대가 자리에 없을 때도 상대의 편을 들어주기

여러분의 법칙과 비교해보셨나요? 각자가 다른 대답을 가지고 있을지 모릅니다. 아가일의 조사 결과는 문화, 인종, 국가를 초월한 보편적인 법칙이라는 데 의의가 있습니다. 그렇다면 이 6가지 법칙 중 가장 많은 사람이 원하는 진정으로 친한 사람의 행동은 무엇이었을까요?

답은 무척 의외였습니다. 웃겨주기도, 재밌게 해주기도 아니었습니다. 내가 말주변이 없어, 유머 감각이 없어 진실된 관계를 못 만들 가능성은 적다는 말이지요. 그보다 더 중요한 것은 '기쁜 일을 내 일처럼 함께 기뻐해주기'였습니다.

우리는 힘든 사람을 돕는 일은 중요하게 여기면서 상대의 기쁜 일을 진심으로 축하해주는 일은 가볍게 여기는 경향이 있습니다. 하지만 많은 사람은 '내 일을 자기 일같이 기뻐해주는 사람'을 마음 깊이 바랐습니다.

그 외에도 정서적으로 지지해주기, 어려울 때 자발적으로 돕기, 서로의 비밀을 나누고 지키기, 함께 있을 때 재밌고 행복하게 해주기, 상대가 자리에 없을 때도 상대의 편을 들어주기 또한 중요한 관계의 법칙입니다.

진정한 관계 만들기가 힘들다면 내가 이 법칙들을 소홀히 여기고 있기 때문일 수도 있습니다. 뻔하고 시시한 법칙일 뿐인 것 같나요? 그렇다면 내가 지금까지 겪은 무수한 관계들을 곰곰이 돌이켜보세요. 별것 아닌 시시한 행동으로 관계에 금이 가거나, 반대로 별것 아닌 시시한 행동으로 갑자기 가까워진 경험이 분명 있을 것입니다. 즉, 관계는 별것 아닌 시시한 행동이 쌓여 형성됩니다.

진심을 주고받는 관계를 만드는 데는 대단한 노하우가 필요한 게 아니랍니다. 거창한 다짐이나 약속이 아닌 그저 상대의 기쁨을 진심으로 함께 기뻐해주는 마음, 거기에 담긴 상대를 향한 존중, 이해, 믿음이 가장 중요합니다.

Key point ────────────────────────────────

시시한 행동들이 모여 진정한 관계를 만든다.

　　　　　제3장 타인이 편해지는 관계의 알고리즘

인간관계 파탄내는 사람들이 가진 습관

관계를 망치는 실수

어떤 사람과 가까워지고 싶나요? 어린 시절에는 재밌고, 얼마나 웃기느냐가 우정의 척도가 되는 경우가 많습니다. 아니면 인기 있는 사람과 가까워지고 싶어 하는 사람도 많지요. 주변에서 모두 친해지고 싶어 하는 사람과 절친이 된다면 정말 기쁘겠지요. 그 외에도 출중한 외모, 특별한 능력 등 가까운 사이가 되고 싶은 이유는 여러 가지가 있습니다.

그런데 혹시 누군가와 가까운 사이가 되었는데 시간이 지나면서 뭔가 기분이 찜찜해졌던 경험이 있나요? 서로 많이 웃고, 재미있는 시간을 보냈지만 왠지 상대가 멀게 느껴질 때가 있습니다. 어떤 일을 계기로 '이게 아닌데…'란 회의감이 들기도 합니다. 이러한 찜찜함을 꼭 집어 말하자면 바로 '우리가 이 정도밖에 안 되는 사이였나?'라는 고민입니다. 돈독했던 관계가 흔들리는 것을 느끼는 순간이지요.

사람들은 어떤 순간에 관계가 흔들린다고 느낄까요? 각기 차이가 있겠지만 대부분의 사람이 동의하는 보편적인 대답도 존재합니다. 앞서 소개했던 심리학자 아가일Argyle, M은 영국, 이탈리아, 홍콩, 일본 등 다양한 문화권의 사람들에게 이 질문을 던졌어요.

'언제 관계가 깨진다고 느끼나요?'

그 결과로 문화, 국적을 초월한 대답을 얻을 수 있었지요. 다양한 문화권의 사람들은 아무리 친한 사이라도 다음과 같은 5가지일이 벌어진다면 관계가 깨질 수 있다고 대답했습니다.

1번. 질투하기
2번. 자신 외의 다른 친구 관계를 받아들이지 않기
3번. 상대의 비밀을 발설하기
4번. 공개석상에서 상대를 비난하기
5번. 어려울 때 도와주지 않기

문화, 인종, 국가가 다른 사람들이 공통적으로 우정이 무너진다고 답한 상황은 위의 5가지였어요. 친하지만 어딘지 모르게 멀게 느껴지는 사람이 이런 행동을 하고 있지 않나요? 아니면 혹시 여러분이 위의 행동을 하고 있지는 않나요?

흥미롭게도 이 행동들은 앞서 이야기한 관계의 법칙과 연결되는 점이 많습니다. 관계의 법칙과 관계를 망치는 행동을 연결 지어서 살펴보겠습니다.

관계의 법칙	관계를 망치는 행동
기쁨을 함께 공유하기	질투하기
비밀을 나누고 지키기	비밀을 타인에게 발설하기
어려울 때 자발적으로 돕기	어려울 때 도와주지 않기
감정적으로 지지해주기	공개석상에서 비난하기

기쁨을 공유하지 않고 질투할 때, 비밀을 지키지 않고 남에게 알릴 때, 어려운 상황에 처한 친구를 외면할 때, 내 편을 들지 않고 나를 남들 앞에서 비난할 때 우정은 무너집니다. 이렇게 보면 인간이 보편적으로 바라는 진실한 관계가 보입니다. 대부분의 사람이 원하는 진정한 관계의 조건은 상대방의 외모, 유머, 인기와는 거리가 멉니다. 이런 외적인 요소들은 서로가 가까워지는 계기가 될 수는 있어도 그 자체로 진정한 관계를 만들 수는 없습

니다. 우리가 바라는 진정한 관계는 나의 기쁨을 진심으로 축하해 주고, 나의 비밀을 지켜줄 수 있고, 어려울 때 힘이 되어줄 수 있는 사이입니다.

인생의 가장 어려운 숙제인 관계는 그 어떤 것보다 고통스러운 문제입니다. 때론 슬프고, 잠을 못 자고, 밥맛을 잃고, 우울해지기까지 하지요. 그러면서 우리는 모든 사람과 잘 지낼 수는 없다는 사실을 깨닫습니다. 여러분도 곰곰이 한번 생각해보시면 어떨까요? 나의 기쁨을 진심으로 축하해주고, 내 비밀을 지켜주고, 내 어려움에 힘이 되어주는 사람은 내 주위에 몇 명이나 있나요?

지금 머리에 떠오른 그 사람이 여러분과 진정한 관계를 맺고 있는 사람일 것입니다. 그리고 오랜 기간 여러분 옆을 지켜줄 사람들입니다. 여러분도 그들과 함께, 관계의 법칙을 지키고 아껴주며 행복한 삶을 만들기를 기원합니다.

Key point ————————————————————————

가장 소중한 재산은 사려 깊고 헌신적인 친구이다.

좋은 인연이 찾아오는 사랑의 알고리즘

사랑에도 불변의 법칙이 있다

—

사랑의 기술

사랑을 빼놓고 행복을 이야기할 수는 없을 것입니다. 누구나 멋진 사람과의 아름답고 찬란한 연애를 꿈꿉니다.

왜 우리는 이토록 사랑을 원할까요? 바로 사랑 역시 생존을 위한 감정의 일부이기 때문입니다. 앞서 이야기했듯이 인간은 혼자가 아닌 무리를 지어 생존해왔습니다. 그리고 관계 속에서 느끼는 감정은 채찍과 당근으로 기능하며 무리를 지속시켜주었지요.

실제로 인간의 뇌는 페닐에틸아민과 옥시토신이라는 호르몬을 분비해서 혼자 있으면 외롭고 고독한 감정을, 함께 있으면 즐겁고 충만한 감정을 느끼게 합니다. 혼자 있을 땐 부정적 감정이라는 채찍을, 함께 있을 땐 긍정적 감정이라는 당근을 주어, 우리

제4장 좋은 인연이 찾아오는 사랑의 알고리즘

가 함께할 수밖에 없도록 만드는 것이지요. 그리고 사랑은 그중에서도 가장 강력하게 인간과 인간을 연결하는 감정입니다.

우리의 뇌는 생존과 더 밀접하게 연결된 행동일수록 더 맛있는 당근과 더 매서운 채찍을 선사합니다. 그렇기에 사랑은 인간에게 엄청난 행복감을 선사하기도, 엄청난 슬픔과 고통을 주기도 하지요. 내가 가진 것을 모두 주어도 아깝지 않은 사람과의 가슴 뛰는 사랑은 삶을 화려한 색으로 칠합니다. 그리고 그런 사람과의 가슴 아픈 이별은 삶에 어두운 색을 덧칠하기도 하지요. 이렇게 사랑과 이별의 색채가 모여 우리의 삶은 더욱 다채롭고 아름답게 채워집니다.

사랑에 진심이 가장 중요하긴 하지만, 진심만으로 사랑이 이뤄진다면 우리가 사랑 때문에 눈물 흘리는 일은 없었을 겁니다. 사랑에는 진심과 함께 기술도 필요합니다.

상대에게 좋은 인상을 남기고 매력적인 사람이 될수록 사랑이 이뤄질 가능성이 커집니다. '상대에게 어떻게 호감을 얻을지', '그린라이트일지 아닐지', '내 진심은 어떻게 표현해야 할지', '정말 좋아하는 사람에게는 어떤 말과 행동을 해야 할지' 궁금하지 않으신가요?

적게는 수십 명, 많게는 수백 명의 사람을 대상으로 검증된 사랑의 알고리즘을 지금부터 소개해 드리겠습니다.

Key point ───────────────────────────────

가장 큰 행복은 누군가를 사랑하고,
누군가에게 사랑받고 있다는 믿음에서 생겨난다.

제4장 좋은 인연이 찾아오는 사랑의 알고리즘

얼굴만 자주 비춰도 매력이 생긴다

단순노출 효과 실험

가까워지고 싶은 사람이 있나요? 잘생긴 혹은 예쁜 그 사람, 항상 재미있고 활기찬 그 사람, 혹은 조용하지만 왠지 모를 매력을 풍기는 사람 등 마음속에 떠오르는 누군가가 있을 겁니다. 나는 그 사람을 힐끔 훔쳐보고 있지만 정작 그 사람은 나에 대해서 잘 모릅니다. 이렇게 낯설기만 한 그 사람과 어떻게 해야 가까워질 수 있을까요?

지금부터 그 사람과 가까워질 수 있는 심리학적 방법들을 소개해 드리겠습니다. 마음에 드는 사람과 가까워지는 가장 쉬운 방법은 바로 이것입니다.

'그 사람과 최대한 자주 마주친다.'

너무 간단해서 허무하게 느껴지지요? 그런데 혹시 '에이. 자주 마주친다고 뭐가 달라져?'라고 생각하시나요? 그렇다면 여러분은 잦은 마주침의 힘을 너무 얕보고 있는 것입니다. 마주침은 친밀감을 만드는 데 굉장한 효과가 있습니다. 지금부터 피츠버그 대학의 리처드 몰랜드Richard L Moreland의 실험을 통해 그 효과를 보여 드리겠습니다.[1]

몰랜드의 실험 과정은 매우 간단합니다. 대학교 수업에 가짜 여학생들을 출강시킵니다. 이 실험에서 몰랜드가 가장 신경 쓴 것은 여학생들의 외모입니다. 외모에 따라 호감도가 달라질 수 있으니 몰랜드는 비슷한 외모의 여학생 4명을 뽑기 위해 매우 노력했습니다. 몰랜드는 이 4명의 여학생을 130명이 넘는 학생이 출강하는 큰 강의실에 출석시킵니다. 그리고 여학생들에게 꼭 지켜야 할 규칙을 알려줍니다.

1번. 강의실에서 아무 말도 안 하기

　　사람들과 개인적 대화를 나누거나 따로 만나지 않기

2번. 눈에 띄는 어떤 행동도 하지 않기

　　강의가 끝나자마자 강의실에서 빠져나오기

그렇게 4명의 여학생이 한 학기 동안 수업에 출석합니다. 차이점은 4명의 여학생이 출강하는 횟수입니다. ①번 여학생은 0번, ②번 여학생은 5번, ③번 여학생은 10번, ④번 여학생은 15번 강의에 출석했습니다.

학기가 끝난 후, 몰랜드는 이 강의를 들었던 130명의 학생에게 설문조사를 합니다. 학생들은 여학생 4명의 사진을 차례로 보고 각 여학생의 친숙함, 호감도, 매력에 대한 점수를 매겼습니다. 몰랜드는 이렇게 수집한 130명 점수의 평균을 계산했습니다. 130명의 학생은 누구를 가장 친숙하고, 호감 있고 매력적인 여학생으로 뽑았을까요?

실험 결과 15번, 10번, 5번, 0번 출석한 학생 순으로 친숙함, 호감도, 매력도가 높았습니다. 즉, 출석 횟수가 많을수록 더 친숙하고 호감이 가고 매력적으로 느껴졌다는 겁니다.

이 실험에서 가장 주목할 점은 여학생들이 자신의 매력을 보여줄 어떤 말이나 행동도 하지 않았다는 점입니다. 여학생이 보여준 것은 그저 학생들의 주변을 지나가거나 근처에 앉아 있는 모습이 전부였습니다. 실험 결과가 오염되는 것을 막기 위해 아주 비슷한 외모의 여학생을 선발했으니 여학생들이 외모로 주목을 받는 일도 거의 없었습니다. 그럼에도 불구하고 수업에 한 번도 출석하지 않은 여학생과 15번 출석한 여학생의 호감도, 매력은 꽤 큰 차이를 보였습니다.

한 가지 더 주목할 것은 이 모든 것이 무의식적인 과정이라는 점입니다. 130명의 학생 중 여학생의 얼굴을 기억하는 학생은 거의 없었습니다. 그저 주변을 스쳐지나가는 것만으로 학생들은 여학생에게 친숙함, 호감도, 매력을 느낀 겁니다.

심리학에서는 이 현상을 '단순노출 효과Mere exposure effect'[2]라고 부릅니다. 단순노출 효과는 이후에도 여러 번 실험을 통해 증명되었습니다. 마음에 드는 그 사람과 가까워지고 싶을 때 큰 노력을 들이지 않아도 되고, 실패한다고 해도 손해 볼 것 없는 쉬운 전략이지요.

좋아하는 그 사람에게 본격적으로 다가가기 전에 자신을 최대한 자주 보여주세요. 굳이 말을 걸지 않아도, 예쁘고 멋진 모습을 보여주려 애쓰지 않아도 됩니다. 그저 주변을 맴돌며, 그 사람 옆을 스쳐지나가세요. 그것만으로도 당신의 호감도와 매력은 상승합니다. 가랑비에 옷 젖듯이 말이지요.

Key point ─────────────────────────────

자주 마주치는 일. 거기서부터 시작이다.

제4장 좋은 인연이 찾아오는 사랑의 알고리즘

호감은 보여줘야 할까, 감춰야 할까

—

'그는 나를 좋아하는 게 or 싫어하는 게 분명해' 믿음 실험

'엉뚱하고 불쾌한 다툼으로 시작된 첫 만남. 서로를 향한 짜증이 가득했지만 왠지 모르게 끌리는 그들. 하지만 점점 호감과 애정이 싹트고…. 그들의 로맨스는 이렇게 시작되는데….'

어디선가 본 듯한 스토리지요? 처음에는 서로를 재수없게 생각하고 미워했지만 결국에는 사랑에 빠지는 연출은 드라마, 영화에서 무수히 반복해서 사용하는 스토리입니다. 자주 쓰인다는 건 많은 사람이 보고 또 봐도 빠져드는, 매력적인 스토리라는 뜻이기도 하지요. 그래서 이런 믿음을 가지고 있는 사람이 많습니다.

"처음부터 잘해주면 안 돼. 처음에는 오히려 까칠하게 대할 필요가 있어."

이 믿음이 과연 옳은 것인지 미국 아델파이 대학의 심리학자 레베카 커티스Rebecca C. Curtis의 실험을 통해 알아보겠습니다.[1] 커티스는 '상대방의 호감에 대한 판단(상대방은 나에게 호감을 가졌다 혹은 나를 싫어한다)'이 사람의 행동에 어떤 영향을 끼치는지 궁금했습니다. 커티스는 이 의문을 풀기 위해 대학생 60명을 모집했습니다. 그리고 둘씩 짝을 지어 총 30쌍의 커플(대부분 동성커플)을 만들었어요.

커티스는 몰래 커플 구성원 각자에게 이름을 붙였어요. 커플 중 한 명은 '실험 대상target', 나머지 한 명은 '관찰자perciever'였습니다. 실험 대상과 관찰자는 5분간 서로를 소개하고 알아보는 시간을 가졌지요. 그 후 커티스는 관찰자를 먼저 불러 이야기합니다.

"이 실험은 낯선 상대에 대한 인상이 어떻게 형성되는지, 어떻게 서로를 알아가는지 조사하는 실험이에요. 상대방과 자연스럽게 대화하세요. 조금 후에 시작하겠습니다."

관찰자가 방을 떠난 후 실험 대상이 들어옵니다. 커티스는 실험 대상에게 이야기합니다.

"아까 5분간 짝과 서로에 대해 알아보는 첫 만남을 가졌지요?

그걸 바탕으로 짝에 관한 대인관계 검사('상대방과 같이 함께하고 싶다', '더 대화해보고 싶다', '좋아하게 될 것 같다' 등)를 작성해주세요. 이 검사는 관찰자도 작성했어요."

커티스는 검사를 완료한 실험 대상에게 슬쩍 이야기를 흘립니다.

"사실 비밀인데, 당신에 대한 관찰자의 대인관계 점수가 굉장히 높았어요. 당신을 상당히 마음에 들어 하는 것 같아요(혹은 점수가 굉장히 낮았어요. 당신을 좋아하지 않는 것 같아요). 그런데 이 사실을 알고 있는 걸 관찰자가 눈치 채면 안 되니 모르는 척 행동해주세요. 저는 오직 관찰자만 살펴볼 테니 당신은 그저 자연스럽게 대화해주세요. 다시 말하지만 절대 티를 내시면 안 돼요."

커티스의 거짓말을 몇 개나 발견했나요? 사실 모든 말이 거짓입니다. 커티스의 말을 전부 뒤집어야 실험의 진짜 목표가 보입니다. 관찰자는 대인관계 검사가 있는지도 모릅니다. 관찰자가 실험 대상을 마음에 들어 한다는(혹은 싫어한다는) 말도 거짓이에요. 연구자들이 실험 대상에게는 관심 없고 관찰자만 살펴본다는 말도 거짓입니다. 커티스는 관찰자에게는 관심 없고 오직 실험 대상만 관찰할 겁니다. 이제 커티스는 실험 대상에게 '관찰자가 나를 좋아한다(혹은 싫어한다)'는 착각을 심어주는 데 성공했습니다. 하지만 정작 관찰자는 실험 대상에게 아무 감정이 없어요. 이제 실험의 진짜 목적이 드러납니다.

'사람은 자신을 좋아한다고 혹은 싫어한다고 생각하는 상대를 어떻게 대할까?'

30쌍의 커플은 다시 만나 10분간 토론합니다. 주제는 당시 미국 사회에서 논란이 된 낙태, 의료보험, 핵무기 등의 사회문제들이었습니다. 사실 주제는 중요치 않습니다. 커티스가 알고 싶은 것은 상대가 자신을 좋아한다고(혹은 싫어한다고) 착각한 실험 대상의 반응이었으니까요.

이를 위해 2명의 연구진이 대화하는 실험 대상의 말투, 눈길, 몸짓을 관찰합니다. 그리고 10분의 토론이 끝난 후 실험 대상과 관찰자 모두 상대방의 인상을 묻는 설문을 작성하고 실험은 막을 내립니다. 먼저, 실험 대상의 설문 결과를 알려 드리겠습니다.

'관찰자는 나를 좋아해'라고 착각한 실험 대상은 관찰자를 이렇게 표현했습니다.

'관찰자는 따뜻하고 친근한 사람이야. 관찰자는 솔직하게 자신을 잘 드러내. 관찰자는 나에게 관심이 있어.'

그리고 자신을 이렇게 표현합니다.

'난 관찰자와 있을 때 편안해. 관찰자와 있을 때 나도 내 자신을 솔직히 드러내게 돼. 난 관찰자와 다시 만나고 싶어. 나도 관찰자가 좋아.'

반면 '관찰자는 나를 싫어해'라고 착각한 실험 대상은 관찰자를 '따뜻하지 않고, 친근하지 않아. 솔직하지 못해. 나에게 관심 없어'라고 표현합니다. 자신이 느낀 감정에 대해서도 '난 관찰자와 있는 것이 불편하고, 다시 만나고 싶지 않고, 관찰자가 싫어'라고 표현합니다.

실험 대상과 관찰자는 이 실험을 통해 처음 만난 낯선 사이였습니다. 그런데 실험 대상은 '관찰자가 나를 좋아해'라는 착각만으로 관찰자가 따뜻하고 편안한 사람이고, 관찰자를 다시 만나고 싶고, 관찰자에게 자신을 솔직하게 드러내고 싶다고 느꼈습니다. 마음만이 아니라 행동의 차이도 컸습니다. 커티스의 관찰에 따르면 '관찰자가 나를 좋아해'라고 착각한 실험 대상은 전반적으로 긍정적인 태도를 보였고, 말투도 나긋나긋했으며, 자신에 대해 솔직하게 이야기했고, 실험 대상과 관찰자 사이의 의견충돌도 적었습니다.

반면 '관찰자가 나를 싫어해'라고 착각한 실험 대상은 상대방에게 부정적 태도를 보였고, 차가운 목소리로 이야기했고, 실험 대상과 관찰자 사이의 의견 충돌도 종종 발생했습니다.

실험 대상자들은 실험 전 커티스에게 '실험을 위해 최대한 자연스럽게 행동하세요'라는 당부를 들었기에 최대한 중립적이고 자연스럽게 행동하기 위해 노력했습니다. 그런데도 자신을 좋아거나 싫어하는 사람을 대하는 태도에는 큰 차이가 있었습니다.

그렇다면 '착각에 빠진 실험 대상'과 대화한 관찰자는 실험 대상을 어떻게 느꼈을까요? 관찰자의 설문 결과를 살펴보겠습니다.

'관찰자가 자신을 좋아한다고 착각한 실험 대상'을 상대한 관찰자들은 실험 대상을 따뜻하고, 친근하고, 솔직하고, 나를 좋아하는 사람이라고 표현합니다. 그리고 자신 역시 그런 실험 대상과 다시 만나서 과제를 하고 싶고, 호감을 느낀다고 표현합니다.

반면 '관찰자가 자신을 싫어한다고 착각한 실험 대상'을 상대한 관찰자들은 실험 대상을 차갑고, 친근하지 않고, 자신을 감추고, 나를 싫어하는 사람이라고 표현합니다. 그리고 자신 역시 그런 실험 대상과 다시 만나고 싶지 않고, 실험 대상이 싫다고 표현합니다.

커티스의 실험은 여기까지입니다. 속고, 착각하고, 연기하느라 복잡했지만 사실 실험 결과는 간단합니다.

'사람들은 나를 좋아해주는 사람을 좋아한다(사실 그것이 착각이라 해도). 그리고 나를 좋아한다고 생각하는 사람에게 무의식적으로 잘해준다.'

이 현상을 심리학에서는 '상호성의 법칙Reciprocality Principle'이라고 부릅니다. 인간은 나를 좋아해주는 사람에게 편안함, 친근함을 느낍니다. 호감을 보이는 상대방에게는 태도가 따뜻해지고 말투도 나긋나긋해지지요.

신기한 건 이 모든 것이 나도 모르게 무의식적으로 표현된다는 겁니다. 실험 대상은 평범하게 연기하려고 노력했지만 관찰자는 실험 대상의 우호적인 태도와 무의식중에 새어 나오는 따뜻함을 느꼈습니다. 그 결과 관찰자도 실험 대상에게 호감을 느꼈습니다.

반대의 경우도 마찬가지입니다. 상대방이 날 싫어한다고 믿으면 나도 모르게 그 사람이 싫어지고, 상대의 행동이 차갑게 느껴지는 등 무의식적인 거부감이 새어 나옵니다. 실험 대상은 평범한 척 연기했지만 관찰자는 무의식중에 새어 나오는 차가움을 알아차렸습니다. 그 결과 관찰자도 실험 대상을 싫어하게 되었지요.

커티스의 실험은 '처음에는 까칠하게 대해야 상대와 마법처럼 가까워질 수 있어'라는 드라마적인 믿음이 틀렸다는 것을 말해줍니다. 누군가와 가까워지는 가장 효과적인 방법은 그 사람에게 호감을 표현하는 것입니다. '당신은 참 멋있어요, 예뻐요, 재있어요.' 같은 말이 가장 좋겠지요. 직접적인 말이 쑥스럽다면 주변을 통해 간접적으로 전달하는 방법도 있습니다. 주변 친구들에게 이렇게 이야기하세요. "난 그 사람이 마음에 들어. 친해지고 싶어."

누군가를 좋아한다고 표현하는 건 정말 부끄러운 일입니다. '혹시나 무시당하면 어쩌나', '바보라고 손가락질하지 않을까?' 하고 걱정도 되지요. 하지만 부끄러움에 주저앉는다면 아무 일도 일어나지 않습니다. 가까워지고 싶은 누군가가 있다면 한번 용기 내서 표현해보세요.

"난 당신과 가까워지고 싶어요."

Key point ────────────────────────────

부끄러움은 잠시. 용기를 가져보자.

제4장 좋은 인연이 찾아오는 사랑의 알고리즘

가식적인 웃음을 간파하는 방법

진짜 미소와 가짜 미소 구별법

'저 사람이 나에게 진짜 호감이 있을까?' 이제 막 사랑을 시작한 사람을 가장 힘들게 하는 고민입니다. 상대의 말투, 행동, 표정, 특정 단어까지 곱씹으며 신경을 곤두세웁니다. '그린라이트일까? 레드라이트일까?'를 알 수 있는 확실한 단서가 있다면 얼마나 좋을까요?

이번에는 심리학이 보증하는 호감의 단서를 소개해 드리려 합니다. 그 단서는 바로 '미소'입니다. 상대의 밝은 미소를 보는 순간 '아, 나랑 있어 즐겁구나'라는 생각에 안심이 되지요. 반면 상대가 무표정하게 있다면 '아, 나랑 있는 것이 재미없구나'라고 생각합니다.

여기까지는 누구나 아는 상식입니다. 그런데 이 중간 지점이 매우 애매해요. 상대가 웃고 있기는 한데 한편으로 걱정될 때가 있어요.

'그냥 웃는 척만 하는 것 아닐까?'

세계적으로 1,500만 부 이상 팔린 《인간관계론》이란 책의 저자 데일 카네기는 적절한 기술만 곁들이면 누구나 상대를 무장해제시킬 수 있다고 했어요. 적절한 기술이란 바로 '가짜 미소'입니다.

여러분도 즐겁지 않은데 억지로 웃어본 경험이 있지요? 조금만 기술을 갈고 닦으면 남들이 알아볼 수 없는 가짜 미소를 만들수 있습니다. 사회생활을 해보신 분이라면 대부분 자신만의 가짜 미소를 가지고 있을 것입니다. 높은 지위의 직장 상사, 거래처 직원 등을 상대할 때 꺼내 쓸 무기 같은 것이지요. 하지만 이러한 가짜 미소를 진짜 미소와 구분할 수 있다면 믿으시겠어요?

심리학자 폴 에크먼Paul Ekman은 얼굴 표정을 평생 연구한 덕분에 얼굴의 심리학자로 불립니다. 에크먼은 얼굴로 사람의 거짓말을 판별하여 범죄를 해결하는 미국 드라마 '라이 투 미Lie to Me' 주인공의 실제 모델이기도 합니다. 이 미국 드라마 주인공의 이름은 칼 라이트먼입니다. 이름도 비슷하지요? 에크먼은 수십 년간 인간의 감정이 담긴 표정과 얼굴 근육의 움직임을 하나하나 세심하게 분석했어요. 미소도 당연히 그의 연구 대상이었지요. 오랜 기간의 연구 끝에 에크먼은 이런 결론을 도출합니다.[1]

'가짜 미소와 진짜 미소는 다르다!'

지금부터 진짜 미소와 가짜 미소를 구분하는 방법을 알려 드리겠습니다. 딱 10초만 투자해서 얼굴 근육을 움직여보시면 이 구별법을 익힐 수 있습니다.

정말로 즐겁고, 재밌어서 진짜 미소를 지을 때는 2가지 얼굴 근육이 작동합니다. 첫 번째 얼굴 근육은 입 주변과 광대뼈를 이어주는 '큰광대근'으로 양쪽 입꼬리를 광대뼈 쪽으로 끌어 올리지요. 두 번째 얼굴 근육은 눈 주위를 둥글게 둘러싸고 있는 '눈둘레근'으로 볼을 끌어 올려 눈이 작아지게 만듭니다.

자, 그럼 한번 따라 해보세요. 큰광대근을 사용해 입꼬리를 광대 쪽으로 끌어 올립니다. 어렵지 않게 할 수 있을 거예요. 그다음엔 눈둘레근을 이용해 볼을 눈 쪽으로 끌어 올려보세요. 자연스럽게 올라가나요? 잘 올라가지 않지요?

큰광대근은 사람이 의도적으로 움직일 수 있지만 눈둘레근은 의도적으로 움직이지 못합니다. 에크먼 교수에 따르면 약 20%

의 사람만이 눈둘레근을 의식적으로 조정할 수 있고, 80%의 사람은 이 근육을 조정할 수 없다고 합니다. TV에서 종종 귀를 움직이는 사람이 화제의 인물로 소개되곤 하지요? 소수의 사람만 귀 근육을 마음대로 움직일 수 있는 것과 마찬가지입니다.

이런 근육의 특성을 통해 가짜 미소를 쉽게 확인할 수 있습니다. 에크먼은 상대방의 미소가 진심인지 구분할 수 있는 가짜 미소의 특징 4가지를 다음과 같이 제시했습니다.

첫 번째, 눈둘레근이 움직이지 않기 때문에 눈가에 주름이 생기지 않습니다.

두 번째, 덜 대칭적입니다. 즉, 입꼬리가 한쪽으로 더 올라가는 경우가 많습니다. 억지로 지어낸 웃음이기 때문에 입꼬리가 똑같이 올라가지 않는 것이지요.

세 번째, 진짜 미소보다 근육이 급격히 움직입니다. 가끔 떨리기도 합니다. 억지로 근육을 움직였기에 경련이 일어날 때가 많은 겁니다.

네 번째, 진짜 미소보다 오히려 더 오래 지속됩니다. 미소를 의도적으로 짓는 일에 너무 잘 훈련이 된 사람들은 이 표정을 계속 유지하는 경향이 있다고 합니다.

에크먼 교수의 연구를 염두에 두고 그 사람의 표정을 살펴보세요. 상대가 진심으로 웃고 있는지, 아니면 그냥 예의상 웃고 있는지 알아차릴 수 있을 겁니다.

'내 앞의 동료가 정말 즐거운가?'

'내가 진짜 웃겼나?'

'날 진짜로 좋아하나?'

이 질문의 답을 확인하고 싶다면, 여러분이 주목해야 할 부분은 입이나 말이 아닌 '눈'입니다. 입은 거짓을 말할 수 있지만 눈 둘레근은 거짓을 말하지 못합니다.

좋아하는 사람이 웃을 때 눈둘레근이 움직이는지 먼저 살펴보세요. 상대의 볼이 올라가서 눈에 붙어 있고 눈가에 주름이 만들어진다면 상대는 진짜 미소를 짓고 있는 거예요. 상대와의 대화에서 진짜 미소가 보이지 않는다면 상대방과의 거리가 아직은 멀다고 할 수 있겠지요. 반면 진짜 미소가 계속되면 상대는 여러분에게 호감을 느끼고 있을 가능성이 높겠지요?

Key point ─────────────────────────

입술이 말하기 두려워하는 것을 눈은 큰 소리로 말한다.

한 번의 만남으로 사랑에 빠지는 이유

—

사랑에 빠지는 마법의 대화법

단 한 번의 만남만으로 상대방의 마음을 사로잡을 수 있는 대화법이 있다면 믿으시겠어요? 뉴욕타임스 심리학 칼럼니스트 맨디 캐트론Mandy Len Catron은 이것이 진짜 가능한 일인지 궁금했습니다. 캐트론이 실제로 경험한 이야기를 한번 들어볼까요?

이른 저녁, 캐트론은 한 남자를 만나고 있었다. 그 남자는 캐트론에게 말했다.

"저는 공통점이 몇 개만 있으면 그 누구와도 사랑에 빠질 수 있다고 생각해요."

그는 체육관에서 한 번씩 마주치던, 같은 직장에 다니던 사람으로 캐트론과 단둘이 만난 건 처음이었다. 캐트론은 대답했다.

제4장 좋은 인연이 찾아오는 사랑의 알고리즘

"사실 제가 심리학자가 개발한 사랑에 빠지게 하는 방법을 찾아왔어요. 아주 재미있는 연구예요. 늘 한번 직접 해보고 싶었어요."

캐트론이 이 연구를 알게 된 건 당시 만나던 사람과의 관계가 망가져가고 있을 때였다. 연애가 답답하고 힘들었던 캐트론은 현명한 사랑을 할 수 있는 과학적인 방법을 찾기로 결심했고, 이 연구를 찾게 되었다. 캐트론은 그에게 연구에 관해 설명했다.

"두 사람이 서로 다른 문을 통해 실험실로 들어온 후 마주보고 앉아요. 그리고 연구에서 제시하는 대화법에 따라 질문을 주고받는 거지요."

"그럼, 우리도 한번 해봐요."

그들은 실험실이 아닌 술집에 앉아 있었고, 처음 보는 사이도 아니었다. 그런데 대화를 진행하면서 서서히 둘 사이의 벽은 낮아졌고 어느새 친밀감을 느끼게 되었다. 이 느낌은 일반적으로는 몇 주, 몇 달이 걸려야만 느낄 수 있는 단계였다. 그가 화장실에 간 사이 캐트론은 처음으로 주위를 둘러보았다. 술집에 사람들이 가득 찼다는 것도 알아차리지 못했다. 다시 대화가 시작되었고 캐트론은 술집에서 사람들이 빠져나가거나 밤이 깊어지는 것을 눈치채지 못했다. 실험은 거의 열두 시가 되어서 끝났다. 원래 주어지는 90분보다 한참 지난 시간이었다.

"그 부분도 해야 할까요?"

그는 조심스레 말했다.

"여기서요?"

캐트론은 술집을 둘러보았다. 너무 공개적인 장소라 이상할 것 같아 망설였다.

"다리 위는 어때요?"

그는 창밖을 보며 말했다.

밤공기가 시원해서 정신이 맑아졌다. 이제 실험의 마지막 단계인 '3분간 침묵 속에 서로의 눈을 바라보기'를 할 차례였다. 그들은 다리의 가장 높은 곳으로 갔다. 캐트론은 휴대폰의 타이머를 맞췄다.

"준비됐어요."

캐트론은 숨을 들이켰다.

"좋아요."

그는 웃으면서 말했다.

캐트론은 스키도 즐기고 짧은 줄 하나로 절벽에 매달려본 적도 있었다. 그러나 누군가의 눈을 3분간 고요히 쳐다본 건 처음이었다. 소름 돋는 경험이었다. 처음 1~2분은 긴장된 나머지 웃음이 자꾸 나왔지만, 마침내 그들은 진정되었다. 그리고 캐트론은 감동을 느꼈다. 단순히 누군가를 바라본다는 것 때문이 아니

제4장 좋은 인연이 찾아오는 사랑의 알고리즘

라 진심으로 자신을 바라보는 누군가를 보고 있다는 사실 때문이었다.

이 감동을 받아들이고 기분 좋은 떨림에 익숙해졌을 때 캐트론은 자신이 정말 사랑에 빠지고 있다는 사실을 알아차렸다. 정말 기이하고 아름다운 경험이었다. 알람이 울리자 캐트론은 놀랐고, 약간의 안도감을 느꼈다. 그러나 동시에 아쉬웠다. 그들은 이미 이날 저녁을 꿈같이 희미하고, 기이하고, 무엇보다 아름다운 기억으로 새기기 시작했다.

이후 둘은 실제로 연인이 되었다고 합니다. 이 이야기는 뉴욕 타임스에 실린 기자 캐트론의 실제 경험입니다. 이 칼럼의 제목이 상당히 의미심장합니다.

'사랑에 빠지고 싶다면, 이렇게 해 보세요.'[1]

To Fall in Love With Anyone, Do This

캐트론이 실천한 이 연구는 뉴욕 대학의 심리학자 아서 아론Arthur Aron의 친밀감closeness 생성 실험입니다. 아론은 인간이 어떤 경우에 타인과 가깝다고 느끼는지 궁금했습니다. 여기서 아론이 말하는 친밀감은 친구와의 우정부터 연인 간의 사랑까지 포함되어 있습니다. 그에 따르면 타인과 친해지고, 가까워진다는 것의 본질은 이것입니다.

'타인이 내 안으로 들어옴'

Including other in the self

'상대방이 있는 그대로의 내 모습을 이해했다는 느낌'과 '내가 상대방을 있는 그대로 받아들였다는 느낌'이 아론이 생각한 진정한 친밀감입니다. 즉, 아론은 서로를 진실로 이해하고 받아들였을 때 친밀감이 생성된다고 말합니다.

그에 따르면 사람 사이의 친밀감은 하루아침에 생성되지 않습니다. 두 사람 사이에 친밀감이 생기기 위해서는 다음의 4가지 원칙에 기초하여 대화가 이뤄져야 합니다.

첫째, '점진적'이어야 합니다. 친밀감은 짧은 시간에 생기지 않습니다. 가벼운 대화부터 시작해서 점진적으로 깊은 대화가 이루어져야 합니다.

둘째, '상호적'이어야 합니다. 한쪽만 계속 말하면 친밀감이 만들어지기 힘듭니다. 양쪽 모두 대화에 함께 참여하는 게 좋습니다.

셋째, '개인적 자기 개방'이 필요합니다. 쉽게 말해 자신의 진짜 모습을 보여주어야 합니다. 남에게 말하고 싶지 않았던 깊이 감춰진 마음을 드러내는 대화는 친밀감을 급격하게 높일 수 있습니다.

마지막은 이 대화가 '친밀한 행동'으로 이어져야 한다는 겁니다. 함께하는 운동, 식사, 취미활동이 여기에 들어갈 수 있습니다.

제4장 좋은 인연이 찾아오는 사랑의 알고리즘

캐트론처럼 3분 동안 서로의 눈을 말없이 쳐다보는 것도 좋은 방법입니다.

여러분에게 사랑이란 무엇인가요? 답하는 사람의 수만큼 많은 답이 있을 겁니다. 아론에게 사랑은 '서로를 있는 그대로 보여주고 받아들이는 것'이었습니다.

이를 위해 가장 중요한 것은 자기 개방입니다. 나를 열어야 상대방이 들어올 수 있기 때문이지요. 만약 여러분이 생각하는 사랑이 아론의 답과 비슷하다면 아론이 만든 사랑의 대화법을 한번 실천해보시길 추천합니다. 바로 다음 장에서 그 대화법을 소개해 드릴게요.

Key point —————————————————————

나를 열어야 타인이 들어올 수 있다.

깊은 관계를 만드는 마법의 대화법

—

친밀감 생성 실험

캐트론은 아론의 친밀감 생성 모델이 실제로 효과적이라는 것을 자신의 경험을 통해 세상에 증명했습니다. 그런데 혹시 캐트론에게만 효과가 있었던 것은 아닐까요? 아론의 친밀감 생성 모델은 우리 모두에게 보편적으로 적용될 수 있는 방법일까요?

지금부터 아론이 실제로 진행했던 친밀감 생성 실험[1]을 소개해 드리겠습니다. 자신의 친밀감 모델을 적용한 대화 프로그램을 만든 아론은 뉴욕 대학에서 총 100명의 대학생을 모집하여 50쌍의 커플을 만들었습니다. 50쌍은 모두 처음 본 사이였고, 아론은 그들을 A, B 두 그룹으로 나눕니다.

"이 실험은 대인관계에 관한 실험입니다. 매우 재미있는 실험 과정을 통해 당신의 짝과 가까워지도록 만들어줄 것입니다.

첫 번째 세트 문항을 보며 서로 15분간 대화를 나누세요. 그다음에 두 번째, 세 번째 세트가 차례로 주어질 것입니다. 역시 각 15분씩, 총 45분간 서로 대화를 나누어주세요."

참가자들은 45분간 대화를 진행했어요. 하지만 대화의 주제는 서로 달랐습니다. A 그룹은 아론의 대화 프로그램을, B 그룹은 단순한 대화('핼러윈 때 무엇을 했나요?', '왼손잡이가 오른손잡이보다 더 창의적이라고 생각하나요?' 등)를 나눴습니다. 그리고 45분의 대화가 끝나자마자 다른 공간으로 분리되어 서로의 친밀도에 관한 질문지를 작성했습니다.

결과는 어떠했을까요? 똑같이 45분을 대화했어도 두 그룹의 친밀도는 매우 달랐습니다. 단순 대화를 한 B 그룹의 친밀도 점수 평균은 5점 만점에 3.25점이었던 반면, 아론의 대화법을 진행한 A 그룹은 4.06점으로 25% 정도 더 높게 나타났습니다. 또한 아론의 대화법은 동성, 이성 커플 모두에게 효과가 있었습니다. 그리고 실험 전 커플 간 서로의 첫인상에 관해 간단한 설문을 했는데, 서로에 대한 첫인상이 별로였던 커플까지 3세트의 대화 후에는 서로에 대한 친밀감이 높아졌습니다.

아론은 이렇게 생성된 친밀감이 순간적인 것인지, 아니면 오래 지속되는 것인지 확인하고 싶었습니다. 그래서 대화 프로그램을 진행했던 A 그룹 커플이 7주 뒤에 어떻게 지내는지를 추가로 조사했습니다. 이들은 실험을 통해 처음 만났고, 단 45분의 대화만을 나눈 사이였습니다. 그런데 그중 57%가 실험 후에도 한 번 이상 대화를 나눴고, 37%는 옆자리에 앉아 수업을 들었다고 합니다. 그리고 35%는 식사를 하거나, 영화를 보는 등 수업 외에 개인적인 만남을 가졌다고 합니다. 단 45분의 대화로 상대와 계속 함께하고 싶게 만들고, 개인적인 만남까지 이어준 대화법, 궁금하지요? 아론이 만든 마법의 대화법을 지금부터 보여 드리겠습니다.

가까워지고 싶은 상대가 있다면 직접 해봐도 좋습니다. 아래의 질문들을 보고 시간에 상관없이 자유롭게 의견을 나누어보세요. 먼저 한 사람이 읽고 대답한 후, 상대방이 대답하면 됩니다.

세트 I

1 이 세상의 어떤 사람과도 저녁 식사를 할 수 있다면, 누구와 같이 먹고 싶어?

2 유명해지고 싶어? 어떤 방법으로?

3 누군가에게 전화 걸기 전 '뭐라고 말해야 하지?' 생각하고 연습해본 적이 있어? 왜 그랬어?

4 너에게 '완벽한' 날이란 어떤 날이야?

5 가장 최근에 스스로에게 노래를 불러준 게 언제야? 남에게 불러준 적은?

6 너는 90살까지 살 수 있어. 30살 이후에 60년을 살겠지. 30살 이후에 30살의 마음, 혹은 30살의 몸으로 살 수 있다면 몸과 마음 중 어느 쪽을 택할 거야?

7 네가 어떤 모습으로 죽을지 너만의 예감이 있니?

8 너와 나 사이에 있을 것 같은 공통점 세 가지를 말해보자.

9 너의 인생에서 가장 감사하는 것은 뭐야?

10 부모님이 너를 키운 방식 중 한 가지를 바꿀 수 있다면 어떤 걸 바꾸고 싶어?

11 2분 동안 네 인생을 가능한 한 자세하게 이야기해줘.

12 내일 아침 눈을 떴을 때 한 가지 초능력을 가지게 된다면 어떤 것이었으면 좋겠어?

세트 II

13 너 자신, 너의 인생, 미래에 대한 진실을 말해주는 수정 구슬이 있다면, 무엇을 알고 싶어?

14 오랫동안 하고 싶었던 일이 있니? 왜 그 일을 하지 않았어?

15 지금까지 네 인생에서 가장 잘한 일은 무엇이야?

16 친구 사이에 가장 중요한 것은 뭐라고 생각해?

17 가장 소중한 기억이 뭐야?

18 가장 끔찍한 기억은?

19 1년 뒤 갑자기 죽는다는 사실을 알게 되면 지금 너의 삶의 방식 중 어떤 걸 바꿀 거야? 왜?

20 우정은 너에게 어떤 의미야?

21 사랑과 애정은 너의 삶에서 어떤 의미가 있니?

22 상대의 장점이라 생각하는 것을 한 명씩 돌아가며 말해보자. 모두 5개가 될 때까지.

23 너의 가족은 얼마나 화기애애해? 너는 어린 시절을 다른 사람보다 더 행복하게 보냈다고 생각해?

24 어머니와 사이는 어때?

세트 III

25 '우리'로 시작하는 진실한 문장 세 가지를 말해봐. 예를 들어, "우리는 둘 다 (   )를 느끼고 있어." 같은 문장으로.

26 이 문장을 완성해봐. "나는 (   )를 함께 나눌 누군가가 있었으면 좋겠다."

27 우리가 가까워지기 위해 너에 대해 알아야 할 가장 중요한 것은 뭘까?

28 상대방에게 마음에 드는 점을 말해보자. 단, 처음 만난 사람에겐 보통 잘 하지 않는 칭찬으로.

29 자신의 삶에서 창피했던 순간을 이야기해보자.

30 가장 최근에 다른 사람 앞에서 울었던 건 언제야? 혼자 운 적은?

31 상대방에게 이미 마음에 들어버린 점을 말해보자.

32 혹시 농담거리로 삼아서는 안 된다고 생각하는 것이 있다

면 어떤 것들이 있어?

33 오늘 밤 누구와도 연락하지 못한 상태에서 죽게 된다면, 누구에게, 어떤 말을 못 해서 후회할까? 왜 지금까지 그 말을 하지 못했어?

34 너의 모든 것이 있는 집이 불타고 있어. 가족을 다 구한 후 딱 한 가지만 가지고 나올 수 있어. 어떤 것을 가지고 나올 거야?

35 가족 중 누구의 죽음이 가장 슬플 것 같아? 그 이유는?

36 내 문제를 털어놓고 상대방에게 조언을 구해보세요. 그리고 상대방에게 물어보세요.

"내가 그 문제를 어떻게 느끼는 것처럼 보였어?"

아론의 대화법을 살펴본 느낌이 어떠했나요? 이 질문 중 내 마음속에 있는 그 사람과 이야기 나누고 싶은 주제를 찾았나요?

몇몇 질문은 읽는 것만으로도 불편했을 수 있습니다. '어떻게 이런 주제로 대화를 해?'라는 생각이 들었을 수도 있지요. 아주 자연스러운 반응입니다. 아론의 사랑의 법칙의 핵심은 '자기 개방'이고, 이 대화들은 속마음을 날것 그대로 드러내기 때문입니다.

이 대화를 통해 누구에게도 말하지 못했던 속마음을, 심지어 나도 몰랐던 비밀까지 말하게 될 수도 있습니다. 그러나 부끄러움을 잠시만 견디면 그 사람과 급격하게 가까워질 기회가 될 수 있습니다.

타인과 친밀해지는 것만큼 부끄러운 일은 없을지도 모릅니다. 하지만 그럴 만한 가치가 있지요. 여러분의 마음속 그 사람과 함께 꼭 한번 시도해보세요. 서로 절친이 되거나, 캐트론처럼 사랑에 빠질 수도 있을 것입니다.

Key point ────────────────────────────

타인과 친밀해진다는 것은 몹시도 부끄러운 일이다.
하지만 그럴 가치가 있다.

이혼을 예측하는 수학 공식

—

부부의 행복도 예측 실험

마음에 드는 그 사람과 가까워졌다면 남은 문제는 그 사람과 오래도록 잘 지내는 것이겠지요. 하지만 사랑은 시작만큼 유지도 힘듭니다. 이번 주제는 '난 연애를 길게 못 해', '우리 부부가 앞으로 잘 지낼 수 있을까?' 같은 고민을 가진 분들을 위해 준비했습니다. 이 고민을 해결해줄 유명한 영국과 미국의 점술사를 소개해 드리겠습니다.

이들은 부부관계 전문 점술사인데 어떤 부부든 이 점쟁이 앞에서 15분간만 대화하면 이 부부가 계속 함께할지, 혹은 이혼할지 점쟁이가 맞힌다고 합니다. 놀라운 것은 적중률이 무려 94%라는 점입니다.

이 용한 점술사의 이름은 영국 옥스퍼드 대학의 수학자 제임스 머레이James Murray와 미국 워싱턴 대학의 심리학자 존 고트먼 John Gottman입니다. 이들의 연구[1]가 더욱 흥미로운 건 수학자와 심리학자의 만남이라는 점 때문입니다. 왜 이들이 손을 잡게 되었을까요?

　고트먼은 평생 부부관계를 연구해왔고 실제 부부상담을 하는 상담심리학자입니다. 고트먼은 어떤 부부가 행복하게 살고, 어떤 부부가 이혼할지 예측하고 싶었습니다. 막연한 짐작이 아니라 숫자로 정확한 수치를 얻고 싶어 했습니다. 이를 위해 수학자인 머레이와 손을 잡습니다. 그들은 '인간관계의 미래를 정확하게 예측한다'는 점술사의 사업영역에 도전했습니다.

　고트먼과 머레이가 미래를 예측하기 위해 주목한 것은 부부의 대화입니다. 그들은 부부가 대화, 논쟁 속에서 어떤 표현들을 쓰는지 조사합니다. 조사한 표현들은 성질에 따라 애정, 기쁨, 화, 거만함 등 14개 특성으로 분류됩니다. 그리고 그 특성이 긍정적인지, 부정적인지에 따라 아래와 같이 나누어지지요.

긍정적인 표현 : 애정, 기쁨, 유머, 의견 일치, 관심

부정적인 표현 : 화, 거만함, 슬픔, 울음, 호전성, 방어적 표현,
　　　　　　　　회피, 혐오, 모욕

그들은 이별을 예측하는 공식을 만들기 위해 신혼부부들을 모집합니다. 사전 조사를 통해 성차별 문제, 시댁 문제, 돈 문제 등 평소 부부 간 의견이 갈리는 주제를 미리 조사해 놓았습니다.

신혼부부들은 논쟁적인 주제로 15분간 대화합니다. 고트먼과 머레이는 무려 700쌍 신혼부부의 대화를 녹음하고 분석했습니다. 분석 방법은 간단합니다. 앞서 조사하고 분류했던 14가지의 긍정, 부정 표현에 각기 점수를 매겨 어느 쪽의 비율이 높은지 알아보는 방식이었습니다. 고트먼과 머레이는 자신들의 수학적 모델에 따라 15분의 대화 속에서 나타난 긍정과 부정의 표현을 계산합니다 . 그리고 아래와 같은 5가지 부부 유형 분류를 만듭니다.

① 효과적 부부	조용하고 서로를 배려하고 경험을 공유하는 친구 같은 관계.
② 회피 부부	충돌이나 마찰을 의도적으로 회피하여 언제나 서로에게 긍정적으로 반응함.
③ 불안정 부부	열정적, 낭만적이지만 논쟁을 심하게 함.
④ 적대적 부부	서로 논쟁거리에 대해 말하기 싫어함. 대화가 거의 없음.
⑤ 적대적 고립 부부	한쪽은 화를 잘 내고 논쟁을 원하지만 상대방은 논쟁을 피함.

고트먼과 머레이는 ④적대적 부부, ⑤적대적 고립 부부는 헤어질 가능성이 매우 높을 것이라고 예측했습니다. 그렇다면 이 예측을 확인하는 과정만 남았지요? 고트먼과 머레이는 700쌍의 부부에게 1~2년마다 전화를 걸어 묻습니다.

"지금까지 결혼생활을 유지하고 있나요?"

이 질문은 끈질기게 무려 12년간 지속됩니다. 그리고 12년 후, 최종 결과를 확인해보니 적대적 부부와 적대적 고립 부부는 실제로 대부분 이혼했습니다. 적중률은 무려 94%를 기록해 많은 사람들을 놀라게 했습니다. 이 연구의 제목은 '결혼의 수학 mathematics of marriage'[2]입니다. 고트먼은 연구 결과를 바탕으로 부부 관계 개선을 위한 상담 프로그램을 만들고 고트먼 부부관계 상담원을 현재도 운영하고 있습니다.

결혼의 수학은 부부관계와 더불어 연인이나 친구 사이에도 적용할 수 있습니다. 서로 대화를 거의 하지 않거나 혹은 한쪽이 일방적으로 대화를 원하는 적대적인 관계는 오래가지 않습니다. 사이가 틀어진 연인이나 부부가 상담소를 찾아가면, 상담전문가가 내담자들에게 진솔한 대화를 유도하는 장면을 많이 보셨을 겁니다. 그만큼 대화는 관계를 건강하게 지속시키는 데 매우 중요한 역할을 합니다.

그렇다면 어떻게 해야 적대적 관계에서 벗어날 수 있을까요? 고트먼은 이 질문의 해답을 복잡한 수학 공식이 아닌 단 한 문장으로 제시합니다.

'긍정적 상호작용과 부정적 상호작용의 비율을 5 : 1 이상으로 유지할 것.'

그들의 연구에 따르면 5:1의 비율이 깨져서 4:1, 2:1, 1:1로 낮아질수록 이혼할 확률이 비약적으로 높아집니다. 반대로 둘의 비율이 6:1, 7:1, 15:1로 높아질 경우 관계는 더욱 좋아진다고 합니다. 여러분의 옆에 있는 사람을 정말 좋아한다면, 그래서 오래도록 함께하고 싶다면 앞서 소개한 5가지 긍정 표현을 부정 표현보다 5배 이상 사용해야 합니다.

'네가 좋아', '너와 함께 있어서 즐거워', '넌 참 매력 있어'와 같은 애정의 표현, '그렇게 말해줘서 고마워'와 같은 기쁨의 표현, '네 말이 맞아, 나도 그렇게 생각해'와 같은 의견 일치의 표현, 재치 있고 웃음이 나게 하는 유머 표현을 건네보세요. 상대를 많이 칭찬해주고, 맞장구를 쳐주고, 관심을 표현해야 합니다.

가끔은 싸우기도 하겠지요. 하지만 싸움이 끝난 후에는 싸움에서 사용한 부정적 표현의 5배만큼 긍정 표현을 말해줘야 합니다. 무척 간단하지만 실천하기는 쉽지 않겠지요? 그러나 이 공식만 명심한다면 여러분의 사랑을 오랫동안 지킬 수 있을 것입니다.

Key point ────────────────────────────────
애정, 기쁨, 유머, 맞장구, 관심 표현은 관계를 단단하게 한다.

제4장 좋은 인연이 찾아오는 사랑의 알고리즘

인생이 풍요해지는
성장의 알고리즘

노력이 삶을 허무하게 만들 수도 있다

—

멕시코 어부 이야기

'시험 합격, 승진, 이상형과의 연애…'

우리가 행복을 생각할 때 가장 먼저 떠올리는 것들입니다. 듣기만 해도 흥분되는 말들이지요. 상상만으로도 짜릿한 빅 이벤트는 분명 행복의 큰 요인입니다. 그래서 우리는 이 커다란 목표를 이루기 위해 정말 하고 싶은 것들을 뒤로 미룬 채 엄청난 시간과 노력을 투자합니다. 하지만 이것들이 우리 행복의 전부가 될 수는 없어요. 몇 년에 한 번 혹은 평생에 한 번 있을까 말까 한 이벤트가 내 행복의 전부라면 그만큼 불행한 삶이 또 어디 있겠어요? 진정한 행복에 대한 깨달음을 주는 멕시코 어부 이야기를 들려 드릴게요.[1]

멕시코의 작은 해변가 마을에 미국인 남자가 휴가를 왔다. 해변을 거닐던 미국인 남자는 부두에서 낚시하던 멕시코 어부를 보았다. 얼마나 고기가 잘 잡히나 궁금해진 미국인은 어부에게 다가갔다. 기대와 달리 어망에는 2마리뿐이었다. 더구나 어부는 꾸벅꾸벅 졸고 있었다. 그때 마침 찌가 움직였다.

"여보세요. 일어나세요."

"…."

"당신, 물고기 잡았어요. 어서 낚아요."

남자는 어부를 흔들었다.

"응? 내가 잡았다고?! 옳지!"

깜짝 놀라 깬 어부는 낚싯대를 움켜쥐고 당겼다. 물고기는 낚싯줄에 걸려 땅 위로 올라왔다.

"하하하. 큰 놈일세. 고마우이. 근데 누구쇼?"

"여행 온 사람입니다. 얼마나 잡으셨어요?"

"한 3마리?"

"그거 잡는 데 얼마나 걸리셨나요?"

"음…. 한 3시간 걸렸지요. 이 정도 했으면 이제 슬슬 일어나도 될 것 같수다."

"그럼 이제, 배를 타고 바다로 나가시나요?"

"뭘…. 이 정도면 됐지요. 울 식구들 먹이기에는 충분하우."

"네? 아직 오전인데 더 많이 잡아야 하지 않나요? 그럼 남는 시간에는 무엇을 하시나요?"

"아주 바쁘지요. 아이들이랑 놀아주고, 부인이랑 낮잠도 자야 하고, 저녁에는 해변 산책도 해야 하고, 짬짬이 기타도 치고 노래도 불러야지요. 저녁에는 친구들과 모여 와인도 마셔야 합니다. 허허허."

"음…. 죄송하지만 경영학을 전공하고 수산물 회사를 운영해본 입장에서 제가 컨설팅을 드려도 될까요?"

어부는 눈이 동그래졌다.

"그래요? 똑똑하신 양반이었구먼. 어디 한번 들어봅시다."

"쉬는 시간을 줄이시고, 더 많은 고기를 잡는 게 좋을 것 같습니다. 그럼 더 큰 배를 사실 수 있겠지요. 여기서 조금 더 나가면 참치가 잡힌다고 들었습니다. 큰 배를 사서 멀리 나가세요. 참치를 잡으면 금세 큰돈을 벌 수 있을 겁니다. 그런 식으로 큰 배를 5척 정도만 마련하세요. 그렇게 한 달 1톤 정도의 참치만 확보한다면…."

남자는 상기된 얼굴로 말을 이었다.

"이쯤 되면 중개인 없이 직접 수산물 공장과 계약해 물건을 납품할 수 있어요. 운이 따라준다면 수산물 공장과 동업을 맺을 수도 있습니다. 멕시코 해변을 벗어나 미국 LA, 워싱턴, 나아가

뉴욕까지 진출할 수 있을 겁니다."

"선생님. 그렇게까지 되려면 얼마나 걸립니까?"

"10년. 길어봤자 15년이면 충분합니다."

"음⋯. 그다음에는 뭘 해야 하오?"

"아주 좋은 질문입니다. 사업이 성공하면 회사를 주식 상장하는 겁니다. 이 작은 마을을 벗어나는 거지요. 멕시코시티에도 갈 수 있고, 미국 뉴욕에서도 살 수 있어요."

"오. 그러고 나서는요?"

"상장만 되면 공매를 통해 백만장자가 되실 겁니다."

"와. 대단하군⋯. 백만장자라. 그 돈으로 뭘 할 수 있지요?"

"큰돈이지요. 그 돈이면 경치 좋은 해변에 집을 사서, 느지막이 일어나 아침을 먹고, 여유롭게 해변을 산책하고, 아이들이랑 놀아주고, 낮잠도⋯ 자고⋯. 매일 저녁에는⋯ 친구들과⋯ 와인도⋯."

당황하는 남자를 바라보며 어부는 빙긋이 웃었습니다.

'이 시험을 잘 봐야만 행복해져', '그 대학에 가야만 행복할 거야', '로또에 당첨돼야만 난 행복해져', '그 사람과 사귀어야 행복할 거야'⋯.

실제 벌어질지 아닐지도 모르는 뜬구름에 내 행복 저당 잡힌 도박 같은 삶. 해피엔딩은 힘들겠지요? 막상 뜬구름이 현실이 되어도 곧 닥칠 허무한 감정은 피할 수 없습니다. 커다란 이벤트가 선사하는 짜릿한 흥분은 상상 이상으로 짧기 때문입니다.

정말 이뤄질지 아닐지 모르는 거창한 꿈보다는 여러분 옆에 있는 진짜 행복을 잡으세요. 진짜 행복은 허무한 감정을 걱정할 필요도 없어요. 언제나 당신 옆에 있을 것이니까요. 기억하세요.

'진짜 행복은 내 곁에 있다.'

Key point ───────────────────────────────
행복의 가장 큰 장애물은 너무 큰 행복을 기다리는 것이다.

제5장 인생이 풍요해지는 성장의 알고리즘

행복도 저축할 수 있다

—

즐거움 훼방 놓기 실험

"두둥! 60초 뒤에 뵙겠습니다."

두근두근! 다음에 무슨 장면이 나올지 기대하고 있는데 갑자기 프로그램이 멈추고 광고가 튀어나오면 정말 화가 납니다. 가장 재미있는 순간 끊어버리는 악마의 편집은 방송사가 시청률을 높이기 위해 자주 쓰는 수법입니다. 그런데 이 악마의 편집에 인간 행복의 비밀이 숨어 있다는 사실을 알고 계셨나요?

캘리포니아 대학의 레프 넬슨Leif D. Nelson 교수는 TV 프로그램을 도중에 끊는 중간광고의 효과에 관해 연구했습니다.[1] 경제학 교수였던 넬슨이 처음 이 연구를 시작했던 이유는 사실 행복의 비밀을 찾기 위해서가 아니었습니다. 경제학자로서 사람들의 소비 심리를 자극해서 물건을 더 많이 팔 방법을 알아내기 위해서였지요. 그런데 이 연구를 통해 인간의 행복에 관한 중요한 사실이 발견됩니다.

넬슨은 우선 72명의 실험참가자를 모집했습니다. 그리고 두 가지 종류의 시트콤(Taxi, 미국 시트콤) 대본을 주었습니다. 같은 시트콤 대본이었지만 하나는 중간광고가 들어간 대본, 다른 하나는 중간광고가 없는 대본이었습니다. 그리고 참가자들은 다음과 같은 질문에 대답하게 됩니다.

'방금 읽은 대본의 TV 시트콤을 직접 본다면 중간광고가 있는 시트콤, 중간광고가 없는 시트콤 중 어느 쪽이 더 재밌을까요?'

참가자 72명 중 90% 이상이 '광고가 없는 시트콤이 더 재미있을 것이다'라고 응답했어요. 이 응답을 잘 기억해두세요. 실제 실험은 이제부터입니다.

넬슨은 138명의 실험참가자를 새로 모집했어요. 그리고 'Taxi'라는 TV 시트콤을 시청한 경험이 있는지, 안 봤다면 이 시트콤이 재밌을지, 재미없을지, 특별한 선호도가 있는지 없는지 질문합니다. 이 질문을 토대로 시트콤을 본 적이 없고, 이 시트콤에

특별한 호불호가 없는 참가자 87명을 선발합니다. 이들은 A와 B 두 그룹으로 나뉘어, 서로 다른 조건에서 시트콤을 시청하게 됩니다.

A 그룹에는 중간광고를 넣은 시트콤을, B 그룹에는 중간광고를 넣지 않은 시트콤을 보여주었습니다. 중간광고는 보석 가게와 법률사무소 광고였습니다. 넬슨은 시트콤을 끝까지 시청한 참가자들에게 다음과 같이 물었습니다.

'이 시트콤을 보며 얼마나 웃었나요?'

'이 시트콤이 얼마나 즐거웠나요?'

'이 시트콤 DVD 세트(4만 원)를 살 의향이 있나요?'

실험에 앞서 대본을 읽었던 참가자 72명의 응답을 기억하시나요? '광고가 없을 때 더 재미있을 것이다'라고 답했습니다. 그런데 실제 실험 결과는 정반대였습니다. 사람들은 중간광고가 있었던 시트콤을 더 재밌게 시청했습니다. DVD 구매 의향도 통계적으로 더 높았어요. 이 실험을 통해 넬슨은 아래와 같은 결론을 내립니다.

'즐거움을 끊는 광고가 오히려 즐거움을 증가시킨다!'

참 아이러니하지요? 한창 즐길 때 훼방 놓으면 화가 나지만, 그 훼방이 오히려 즐거움을 증폭시킨다는 겁니다.

의심이 많은 넬슨은 결과를 다시 한번 확인하기 위한 추가 실험을 진행했습니다. 광고의 재미가 결과에 영향을 끼쳤을 수도 있으니 더 지루하고 따분한 광고로 바꿔보기도 하고, 프로그램이 중간에 끊기지 않도록 광고의 위치를 프로그램 앞에 두기도 하고, 광고의 위치를 그대로 프로그램 중간에 두기도 하며 다양한 조건 속에서 사람들이 느끼는 즐거움이 어떻게 달라지는지 비교했습니다.

어떤 실험을 해도 결과는 마찬가지였어요. 광고가 재미없어도 참가자들은 프로그램이 광고로 인해 중간에 끊겼을 때 더 즐거워했습니다. 그리고 프로그램이 중간에 끊기지 않도록 광고를 앞에 배치했을 때보다 프로그램이 끊기도록 중간에 배치했을 때 더 즐거워했습니다. '즐거운 일이 끊기면 오히려 더 즐거워 한다'는 이렇게 반복 증명되었습니다.

넬슨만 이런 사실을 발견한 것은 아니었습니다. 듀크 대학의 심리학자 린빌Patricia Linville도 넬슨과 비슷한 연구를 실시했습니다. 린빌은 즐거운 일을 한번에 경험하는 상황과 몇 번에 나눠서 경험하는 상황을 비교해보았습니다. 그 결과 사람들은 몇 번에 나눠서 경험할 때 더 큰 즐거움을 느꼈다고 합니다.[2]

사람들은 왜 즐거움을 방해받을 때 더 즐거워할까요?

첫째, 사람은 적응의 동물이기 때문입니다. 아무리 재밌는 TV 프로그램도 반복 시청할수록 익숙해져서 갈수록 즐거움이 떨어진다고 합니다. 그런데 중간에 잠시 시청을 중단하면 다시 신선한 기분으로 TV 프로그램을 즐길 수 있게 된다고 해요.

둘째, 바로 기대감 때문입니다. 여행에서 가장 행복한 순간은 떠나기 바로 전날 밤이라는 이야기가 있지요. 여행 그 자체보다 여행을 떠난다는 기대감이 우리를 더 행복하게 만들기도 합니다. 시트콤 시청에도 이와 같은 원리가 적용됩니다. 잠깐 멈춘 동안, 다음 장면에 대한 기대감이 생겨 더 즐거운 기분을 느끼게 되는 것입니다.

넬슨과 린빌의 발견을 통해 우리는 일상의 행복을 더 즐겁게 누릴 팁을 얻을 수 있습니다.

'당신의 소중한 행복을 한번에 다 소비하지는 마세요.'

좋아하는 드라마가 있다면 한번에 몰아보기보다는 3일에 한 편씩 보는 거예요. 하겐다즈 아이스크림은 냉동실에 묵혀두고 며칠에 걸쳐 먹어보세요. 휴가 가기 한 달 전부터 기대감 자체를 즐겨보세요. 비싼 물건을 한번에 지르기보다는 작은 기쁨을 누릴 물건 5개를 사는 것이 더 행복합니다. 참 소소한 팁이지요? 하지만 효과는 만점일 거예요.

Key point ────────────────────────────────

즐거운 일이 주는 기대감도 함께 즐겨보자.

제5장 인생이 풍요해지는 성장의 알고리즘

조금 덜 행복한 사람이 되어야 한다

행복의 빈도 vs 강도 비교 실험

일본 대문호 무라카미 하루키를 아시나요? 그의 수필집 《랑게르한스섬의 오후ランゲルハンス島の午後》에는 생전 처음 보는 단어가 등장합니다.

'小確幸しょうかっこう'

일본어로는 쇼우칵코우, 우리말로는 '소확행'입니다. 하루키는 자신이 만든 단어를 설명하기 위해 이런 예를 들었습니다. 서랍을 열었더니 가지런히 개어진 속옷이 가득 차 있는 일, 갓 구운 따끈따끈한 빵을 손으로 찢어서 먹는 일, 오래된 레코드판을 부드러운 천으로 깔끔하게 닦아내는 일.

소확행의 의미가 짐작 가시나요? 소확행이란 '소소하지만 확실한 행복'입니다. 일상에서 흔히 접할 수 있는 작지만 뚜렷한 행복의 순간을 표현한 말이지요. 이 말은 사전에 등재될 정도로 유명한 국제적 신조어가 되었습니다. 하지만 '소확행'을 단순히 귀여운 신조어로만 치부하지는 마세요. 이 단어에는 심리학적 통찰이 숨어 있습니다.

이를 설명하기 위해 일리노이 대학의 심리학자 에드 디너Ed Diener의 실험을 소개해 드릴게요. 디너는 평생 행복을 연구한 심리학자입니다. 그는 어느 날 흥미로운 질문을 떠올립니다.[1]

'짜릿하고 강렬한 즐거움을 가끔 느끼는 사람과 소소한 즐거움을 자주 느끼는 사람 중에 어느 쪽이 더 행복할까?'

답을 알기 위해 디너는 실험을 설계하고 42명의 실험 참가자를 모집했어요. 그리고 실험 참가자들에게 다음과 같이 실험을 설명합니다.

"앞으로 6주에서 8주 동안 하루에 몇 번씩 무작위로 전화를 걸겠습니다. 언제 전화가 올지 몰라요. 단, 매일 저녁 8시에는 무조건 연락이 갑니다. 그때마다 여러분은 다음의 질문에 답해주세요. '즐거움과 괴로움 중에서 지금 어떤 감정을 느끼고 있나요?

제5장 인생이 풍요해지는 성장의 알고리즘

그 강도는 어느 정도인가요?'"

이를 통해 디너는 실험 참가자들이 얼마나 자주 즐거움을 느끼는지(빈도), 즐거움을 느낄 때 얼마나 강하게 느꼈는지(강도), 6주에서 8주 동안 느낀 전반적인 삶의 행복도는 얼마나 되는지에 대한 데이터를 얻습니다.

디너는 이 데이터들을 바탕으로 과학적 통계를 산출했어요. 과연 소소한 즐거움을 자주 느끼는 사람과 강렬한 즐거움을 가끔 느끼는 사람 중 어느 쪽이 전체적으로 더 행복했을까요?

여러분도 잠시 책을 덮고 예상해볼까요? 정답은 '소소한 즐거움을 자주 느끼는 사람'이었어요. 즐겁다, 재밌다, 맛있다, 짜릿하다 등의 감정을 얼마나 강하게 느끼는지는 행복과 큰 상관이 없었어요. 강도가 약해도 긍정적인 감정을 자주 느끼는 사람들이 행복했습니다.

꼼꼼한 사람이었던 디너는 이 결과를 재차 확인하기 위해 62명, 107명을 대상으로 똑같은 연구를 2번 더 실시합니다. 결과는 역시 동일했습니다. 그래도 의심이 가시지 않은 디너는 빈도와 강도에 따른 행복도 차이를 더 명확히 비교할 방법을 생각해냅니다. 세 번의 실험에 참가했던 모든 참가자 211명 중 빈도와 강도의 대비가 극명했던 10명을 별도로 분류해 분석했던 것이지요. 그 결과는 다음과 같습니다.

1) 즐거움의 빈도는 상위 20%인 동시에 즐거움의 강도가 하위 10%였던 7명의 행복도는 최상위권이었다.
2) 즐거움의 빈도는 하위 50%인 동시에 즐거움의 강도는 상위 10%였던 3명의 행복도는 최하위권이었다.

의심쟁이 디너는 이렇게 꼼꼼히 확인한 후 마침내 결론을 내립니다.

'얼마나 큰 행복을 경험하는가보다 행복을 얼마나 자주 경험하는가가 훨씬 중요하다!'

Key point ——————————————————————————

행복은 수많은 사소한 즐거움을 쌓는 과정에서 온다.

싫어하는 일을 해야 더 행복해지는 이유

'좋아하는 일 반복 경험 vs 비호감의 다양한 경험 중 어느 쪽이 더 즐거울까?' 실험

"저는 집에 있는 걸 좋아하는 집순이입니다. 집에 들어가면 절
대로 나오지 않는 진성 집순이이지요. 제가 너무 집에 틀어박혀
있는 게 걱정됐는지 친구가 같이 요가를 하자고 하네요. 전 운동
을 별로 좋아하지 않는데… 친구는 재밌을 거라고 자꾸 권합니
다. 이미 충분히 편안한데, 끌리지 않는 다른 활동을 시작해야 할
까요?"

나를 그대로 두면 좋을 텐데 주변에서 가만히 두지 않네요. 참
소소한 고민이지만 이런 작은 고민 속에도 행복의 비결이 숨겨
져 있습니다. '내가 좋아하는 일만 계속 반복하기'와 '끌리지 않
는 일도 시도해보기'. 어느 쪽이 나를 더 행복하게 만들까요? 메

릴랜드 대학의 경제학자 레베카 래트너Rebecca K. Ratne의 흥미로운 3가지 실험[1]을 보면 이 고민 해결에 도움을 줄 힌트를 얻을 수 있습니다. 더불어 삶을 더 풍요롭게 만드는 행복의 알고리즘을 깨달을 수 있을 거예요.

먼저 첫 번째 실험입니다. 래트너는 22명의 실험참가자를 모집했어요. 그리고 45초짜리 대중음악(클래식, 락) 12곡을 들려줍니다. 참가자들은 선호에 따라 1~12위까지 곡의 순위를 매깁니다.

모든 곡에 순위를 매긴 22명의 참가자들을 A와 B 두 그룹으로 나눈 래트너는 참가자들에게 다시 노래를 들려줍니다. 그것도 무려 15번씩이나 반복해서요. 그런데 A, B 그룹의 조건이 약간 다릅니다.

A 그룹에는 각자가 최고로 꼽았던 1위 곡을 15번 연속으로 틀어줍니다. B 그룹의 참가자들도 똑같이 노래를 15번 듣지만, 곡의 구성이 조금 다릅니다. B 그룹은 1위 곡을 계속 듣다가 4, 7, 11, 14번째에 가장 비호감이었던 12위 곡을 섞어 듣습니다. 그리고 래트너는 참가자들에게 각각의 노래가 재생될 때마다 '이 순간 얼마나 즐기고 있는지'를 실시간으로 평가하도록 했습니다.

1위 곡만 15번 들은 A 그룹, 1위 곡과 12위 곡을 섞어 들은 B 그룹, 과연 어느 쪽이 더 큰 행복을 느꼈을까요?

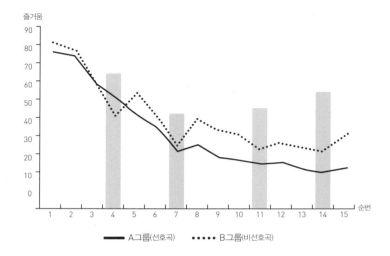

그래프를 보면 A, B 그룹 모두 처음 들었을 때 가장 즐거워하고 청취가 반복될수록 즐거움이 떨어지고 있습니다. 쾌락적응의 원리에 따라 좋은 음악도 15번 들으니 질리는 게 당연하겠지요.

우리가 주목할 부분은 4, 7, 11, 14번째 순번입니다. 3번까지는 A, B 그룹 모두 비슷한 수준의 즐거움을 느끼다가 12위 곡을 듣는 4번째에 B 그룹의 즐거움이 뚝 떨어집니다. A 그룹에 비해 한참 낮죠. 1위 곡을 듣다 12위 곡을 들었으니 즐거움이 떨어지는 것은 당연합니다.

그런데 신기하게도 7번째에서는 두 그룹의 즐거움 강도가 거의 비슷해집니다. 그리고 이 실험의 하이라이트는 11, 14번째 순번입니다. 극적인 역전극이 펼쳐집니다. 1위 곡을 듣는 A 그룹보다 12위 곡을 듣는 B 그룹이 더 즐거워하는 어이없는 일이 일어납니다. 또한 즐거움의 평균을 산출해보니 최악의 곡을 4번 섞어 들은 B 그룹이 1위 곡만 연속해 들었던 A 그룹보다 전반적인 즐거움도 더 높았습니다. 어떻게 이런 일이 발생했을까요? 래트너는 이 실험 결과를 설명하기 위해 가설을 세웁니다.

'**최악의 노래를 듣는 괴로움이 1위 곡을 들을 때 즐거움을 높여주었다.**'

시험 기간에 보는 9시 뉴스가 그렇게 재밌고, 최고의 음식은 혹독한 다이어트 도중에 먹는 라면이 되는 현상, 다들 경험해보셨지요? 래트너도 이 현상에 주목했습니다. 그래서 래트너는 이 가설을 증명할 실험을 추가로 진행합니다.

자, 이제 두 번째 실험입니다. 이 실험은 앞서 진행했던 실험과 거의 똑같습니다. 79명의 실험참가자를 모집하고 12곡의 노래를 들려줍니다. 1~12위까지 노래의 순위를 매긴 79명의 참가자들을 A 그룹과 B 그룹으로 나눕니다. 하지만 지금부터 실험이 달라집니다. 이번에는 노래를 4번만 듣습니다. 노래를 듣는 순서는 다음과 같습니다.

제5장 인생이 풍요해지는 성장의 알고리즘

A 그룹

순번	1	2	3	4
곡 순위	1위	1위	음소거	1위

B그룹

순번	1	2	3	4
곡 순위	1위	1위	12위	1위

'최악의 곡이 괴로웠기 때문에 1위 곡이 더 즐거워진다'는 가설이 옳다면 당연히 12위 곡을 들은 B 그룹이 세 번째에 음소거한 A 그룹보다 더 즐거워야 합니다. 그렇다면 결과는 어떠했을까요?

놀랍게도 음소거한 A 그룹의 즐거움이 더 컸습니다. B 그룹 참가자들을 인터뷰 한 결과, 12위 곡이 듣기 싫었기 때문에 전반적으로 더 즐겁지 못했다고 응답했습니다. 싫어하는 곡을 듣는 괴로움 때문에 1위 곡을 들을 때 더 즐거워진다는 가설과 다른 답이 나왔지요? 래트너는 혹시나 곡 순위의 차이를 줄이면 어떨까 싶어 세 번째 실험을 추가로 진행합니다.

두 번째 실험의 참가자들에게 다른 구성으로 다시 한번 노래를 들려줍니다. 3번씩 노래를 들려주는데, 이번에 A 그룹에는 음소거 대신 순위가 더 높은 곡을 들려줍니다.

A 그룹

순번	1	2	3
곡 순위	6위	3위	6위

B그룹

순번	1	2	3
곡 순위	6위	9위	6위

가설이 맞다면 더 싫어하는 9위 곡을 들은 B 그룹이 더 즐거울 것입니다. 그런데 결과는 또 예상을 빗나갔습니다. 순위가 더 높은 곡을 들려준 A 그룹의 즐거움이 더 컸던 것이지요. 이로써 '최악의 곡을 듣는 게 괴로웠기 때문에 1위 곡을 들을 때 더 즐거워진다'는 가설은 폐기되었습니다. 사람들은 더 좋은 곡을 계속 들을 때, 더 즐거움을 느낍니다.

최악의 곡이 주는 즐거움의 증폭 효과는 없었습니다. 그렇다면 '최악의 곡을 듣는데도 왜 더 즐거워질까?'라는 의문이 여전히 남습니다.

첫 번째 실험 결과를 되새겨봅시다. 도대체 왜 12위 곡을 섞어 들은 B 그룹이 전반적으로 더 즐거워했을까요? 심지어 11, 14번째 반복에 이르러서는 계속해서 1위 곡을 듣는 A 그룹보다 12위 곡을 들은 B 그룹이 더 즐거워합니다. 1위와 12위의 대비 효과가 즐거움에 영향을 끼친 것이 아니라면, 남은 가능한 설명은 오직 하나입니다.

"인간은 다양한 활동 자체에 쾌감을 느낀다. 비록 활동 중 몇몇은 재미없을지라도."

세 번째 실험에서 6위-3위-6위 곡 순으로 들은 A 그룹이 6위-9위-6위 곡 순으로 들은 B 그룹보다 더 즐거워했지요. 그 이유는 A 그룹과 B 그룹 모두 '2곡을 청취'하는 똑같은 수준의 다양한 활동을 했기 때문입니다. 두 그룹 모두 다양한 활동을 했다면, 그 중에서 선호도가 더 높은 곡을 들은 A 그룹이 더 즐거울 수밖에 없었던 것이지요.

첫 번째 실험에서 볼 수 있듯이 아무리 좋아하는 일도 여러 번 반복되면 즐거움은 급격히 떨어집니다. 반대로 싫어하는 활동도 그것이 변화를 위한 시도라면 즐거움은 증가합니다. 활동의 호불호보다는 다양한 활동 그 자체가 즐거움에 더 큰 영향을 주는 겁니다.

아무리 재미있는 취미활동이라도 한 가지만 너무 오래 반복하다 보면 흥미가 떨어집니다. 혹시 스마트폰에만 매달려 있나요? 잠시 스마트폰에서 벗어나 여러 가지 활동을 해보세요. 중간에

TV도 켜보고, 만화책도 보고, 귀찮고 싫어도 30분쯤 동네 산책도 다녀와보는 겁니다. 매일 가던 카페를 벗어나 어느 날 갑작스럽게 산, 바다로 떠나보세요. 아무리 재밌게 하는 활동이 있더라도 '뭐 더 재미있는 것 없나?' 하고 주변을 둘러보는 겁니다.

혹은 재미없어 보여도 주변 사람들이 좋아하는 유튜브 채널, 소설, 운동, 여행을 함께 경험해보세요. 정말 맛있는 치킨도 매일 먹는다면 질립니다. 치킨을 더 즐기려면 생강, 피자, 청국장, 마늘, 라면 등 다양한 음식을 섞어 먹는 것이 좋습니다. 비록 함정 카드가 섞여 있더라도 말이지요.

정말 좋아하는 일이라 해도 한 곳에 너무 오래 머무르는 것은 그곳에서 느낄 수 있는 즐거움의 양을 줄입니다. 그보다 여러 다양한 일을 골고루 경험하는 것이 여러분의 즐거움을 늘려줍니다.

설혹 재미없어도 시간 낭비였다고 여기지 마세요. 덕분에 다양함이 주는 즐거움을 누릴 수 있었으니까요.

Key point ────────────────────────────────

재미있는 한 가지를 계속하는 것보다
재미없는 여러 가지를 함께하는 것이 더 즐겁다.

　　　　　　　　제5장 인생이 풍요해지는 성장의 알고리즘

즉흥적인 도전이 삶의 만족도를 높인다

—

쾌락적응에서 벗어나는 방법

시원한 맥주를 마실 때, 바삭한 치킨을 먹을 때 가장 즐거운 순간은? 바로 처음 한 입, 처음 한 모금을 입에 넣는 순간입니다. 태어나 처음 초콜릿을 맛봤을 때, 처음 비행기를 타볼 때, 첫 키스를 할 때, 이 첫 순간들은 아마 평생 잊히지 않을 겁니다. 이런 소중하고 짜릿했던 첫 기억들로 우리는 힘든 시기를 견뎌내기도 하지요. 여기서 우리는 행복의 팁을 얻을 수 있습니다.

'새로운 것 그 자체가 즐거움이다.'

사람들은 본능적으로 언제나 새로운 것을 찾습니다. 우리의 일상을 한번 들여다볼까요? 동네에서 가장 줄이 긴 음식점은 어디인가요? 바로 신장개업한 음식점입니다. 처음 보는 메뉴, 새로 먹어보는 맛에 대한 호기심과 기대감, 짜릿함이 우리를 매혹하기 때문입니다.

문제는 새로운 경험이 주는 쾌감이 그리 길지 못하다는 점입니다. 짜릿함은 시간이 흐르며 점점 줄어들게 되어 있습니다. 이는 앞서 설명한 '심리적 면역체계'[1] 때문입니다.

심리적 면역체계는 감정에 압도되어 인간의 생존이 위협받지 않도록 강한 슬픔, 기쁨 모두 시간이 지나면 다시 평정을 되찾고 사라지게 만듭니다. 사람은 어떤 기쁨이든 반복되면 적응하도록 진화했습니다. 앞서, 기쁨에 관한 심리적 면역체계는 쾌락적응[2]이라고 부른다고 했죠. 신장개업 음식점의 긴 줄이 어느새 사라지는 일도, 롱패딩, 스키니진 등 한때 불타올랐던 유행이 어느새 사그라든 것도 모두 쾌락적응 때문입니다.

쾌락적응은 심리적이면서 신체적인 반응이기도 합니다. 반복되는 경험은 그것이 즐거움이든 괴로움이든 뇌의 감정 인식 부위인 전두엽과 편도체의 전기신호 세기를 점점 약화시키기 때문입니다.[3,4]

그러니 우리가 소소한 행복을 지속하기 위해서는 먹이를 찾아 헤매는 하이에나처럼 새로운 즐거움을 찾아다녀야 합니다. 그 방법은 다음과 같습니다.

- 길을 가다 처음 보는 카페, 맛집이 생겼으면 꼭 한번 들러보세요.
- 인도 음식, 그리스 음식, 멕시칸 음식 등 못 먹어본 음식을 시도해보세요.
- 신기한 음식을 파는 푸드트럭. 절대 지나치면 안 돼요.
- 갑작스레 버스나 지하철을 타고 잘 모르는 동네에 내려 처음 보는 거리를 걸어보세요.
- 특이한 가게가 있다면 한번 들어가보세요.
- 난생 구경해보지 못했던 콘서트장, 연극무대, 뮤지컬, 교회, 성당, 절 등에 가보세요.
- 테니스, 뜨개질, 등산, 수영 등 못 해봤던 활동은 용기내서 한 번씩은 시도해보세요.
- 가끔 즉흥적으로 행동해보세요.

새로운 시도는 항상 호기심, 기대감, 짜릿함을 선사하고, 여러분에게 새로운 행복을 선사할 것입니다.

Key point ────────────────────────────

가장 짜릿한 경험은 첫 경험이다.

매일 행복하진 않지만, 행복한 일은 매일 있다

과학적인 행복 생성 방법

소소한 행복도 좋지만 살다 보면 행복을 꾹 참아야만 할 때가 있다고요? 네, 맞습니다. 우리는 시험, 입시, 취업, 승진 등의 일이나 가족, 친구, 애인 등의 관계를 위하여 일상의 행복을 희생하고 노력해야 할 때가 있습니다. 이 과제들을 무시하고 일상의 행복만 찾다가는 많은 것이 망가지겠지요.

반대로 일상의 행복을 미룬 채 과제에만 집착해도 불행해집니다. 눈앞의 큰 걸림돌만 해결되면 금세 행복을 만끽할 수 있을 것 같지만 착각입니다. 대입 다음에는 취업, 그다음에는 이직, 결혼이라는 과제가 나타나고 엄마와의 싸움 뒤에는 동료와의 싸움, 애인과의 싸움 등 곧 또 다른 과제가 등장합니다. 신데렐라가 '왕자와의 결혼'이라는 과제를 완수하고 그 이후로 영원히 행복하게 살았다고 기억되는 건, 이야기가 결혼식에서 멈췄기 때문입니다.

소확행만 즐기려 하고, 삶의 중요한 과제들을 완전히 무시하면 불행해질 것입니다. 또한 소확행은 무시하고 과제 해결에만 집착해도 불행해질 것입니다. 결국 중요한 건 둘 사이의 균형입니다.

학업, 취업, 관계 모두 당신의 행복에서 빠질 수 없는 요소입니다. 이 무거운 짐을 모두 던져버리면 어깨는 가볍겠지만 마음은 무거워집니다. 그렇다고 짐을 옮기는 일에만 열중해서도 안 됩니다. 잠시 짐을 내려놓고 쉬는 시간을 가져야 합니다. 내려놓을 때는 짐이 있었는지조차 잊어버리고 마음껏 쉬어야겠지요. 이렇게 하면 아무리 짐이 무거워도 당신은 행복할 수 있습니다. 당신이 행복하기를 멈추지 않는 한 말이지요.

하지만 '나는 계속 행복할 거야'라는 결심만으로 항상 행복한 사람이 될 수는 없습니다. 소소한 행복을 잡기 위해서는 노력이 필요합니다. 아주 쉽고 단순한 노력이면 충분하니 너무 걱정하지는 마세요. 지금부터 행복도를 높이고 우울을 줄이는 과학적 효과를 보여준 행복 비법[1] 두 가지를 소개해 드리겠습니다.

첫 번째는 '세 가지 축복'이라고 부르는 방법입니다. 일주일 동안 겪은 일 중 잘되었던 일 3가지를 뽑아보세요. 그리고 그 이유도 함께 생각해봅니다. 노트나 스마트폰에 적으면 더 좋습니다. 어마어마하게 큰 사건 세 가지를 뽑을 필요는 없습니다. 단순하고 사소해도 괜찮아요.

예를 들어, 예고 없이 상사들이 단체로 일주일 출장을 갔다, 내 농담에 직장 동료들이 빵 터졌다, 스마트폰을 떨어뜨렸는데 흠집 하나 안 생겼다, 내 취향에 딱 맞는 재미있는 웹툰을 발견했다, 친구가 맛집을 소개해줬다, 내가 좋아하는 그 사람에게 먼저 연락이 왔다, 이번 주에 내가 가장 좋아하는 아이돌이 컴백한다 등을 적을 수 있습니다.

사소한 행복이 정말 많이 있지요? 이런 사소한 행운, 행복들은 누구에게나 매일 찾아옵니다. 아무리 힘겨운 한 주였어도 이런 소소한 행복 3가지는 쉽게 찾을 수 있을 거예요. 3가지 행복을 기억한 후에 이 질문에 스스로 답해보세요.

"이 일이 일어난 이유는 무엇일까?"

행복한 사건이 일어나게 된 데에는 무언가 긍정적인 이유가 있기 마련입니다. 내가 좋아하는 그 사람에게 먼저 연락이 왔다? 그 사람과 텔레파시가 통해서라고 답할 수 있겠죠. 나의 농담에 친구들이 빵 터졌다? 나의 유머 감각이 뛰어나기 때문이라고 답할 수 있어요. 사건이 일어나게 된 논리적인 이유를 찾으라는 것이 아닙니다. 논리적 비약이 있을지라도 내가 자신감을 얻을 수 있는 긍정적인 이유를 찾는 게 중요합니다.

만약 아무리 생각해도 이유를 찾을 수 없다면, '나는 운이 좋으니까!'라고 생각해보세요. 이유를 찾을 때는 '내가 똑똑해서, 내가 착해서' 같이 남이 아니라 '나'를 중심으로 생각하면 더 기분이 좋아집니다. 그리고 가끔씩 스마트폰, 수첩을 꺼내어 기록했던 즐거운 일들을 확인해보세요. 어느새 미소 짓게 될 거예요.

두 번째 방법은 '감사'입니다. 3가지 행복들을 떠올리고 그 이유를 생각해봤다면, 자연스럽게 감사한 누군가가 떠오릅니다. 친구가 맛집을 소개해줬거나 내가 좋아하는 그 사람에게 먼저 연락이 왔다면? 나의 친구, 애인, 가족 모두가 나를 행복하게 해준 고마운 사람들입니다. 의도했든 의도하지 않았든 잠시나마 미소 지었으니 그것만으로 충분합니다. 그들에게 감사를 표현하세요.

"네 덕분에 나는 정말 행복해, 고마워!"

혼자 마음속으로 고마워하는 것만으로는 부족합니다. 최고의 방법은 직접 상대방에게 말로 전달하는 것입니다. 직접 말하기가 힘들다면 스마트폰이나 메모장에 적어놓는 것도 좋습니다. 혹은 혼자 입 밖으로 소리 내어 말해보세요.

매일의 일상에는 날 기쁘게 만든 사소한 행운, 행복들이 도처에 존재합니다. 그런데도 우리는 이 행복을 무신경하게 스쳐지나가버려요. 지금 불행한 이유는 행복한 일이 없어서가 아니라 나에게 일어난 행복을 외면하기 때문일지 모릅니다.

사소한 행복들을 놓치게 되는 건 일상이 너무 고되기 때문이겠지요. 그렇지만 아무리 바빠도 자신의 사소한 행복을 모두 흘려보내지는 마세요. 세 가지 축복, 감사하기 이 두 과정은 채 10분이 걸리지 않아요. 일주일을 마무리하는 토요일 밤. 잠들기 전 딱 10분만 투자해서 나의 소소한 행복들을 꽉 움켜쥐어보세요.

Key point ───────────────────────────────────

생각해보면 행복은 도처에 숨어 있다.

제5장 인생이 풍요해지는 성장의 알고리즘

행복은 찾아오는 것이 아니라 찾아내는 것이다

—

일상의 행복 찾기

'행복하기 위해서 지금은 꼭 참고 노오력을 해야 해.'
'내일의 행복을 위해서 오늘을 참고 견뎌!'

자주 들었던 말이지요? 하지만 이제는 알게 되었을 겁니다. '노오력' 해서 참고 참았다가 빵 터뜨리는 기쁨, 이 기쁨이 제아무리 강렬해도 진정한 행복으로 이어지지는 않는다는 사실을요. 현실이 힘들수록 '기적 같은 사건이 내 삶을 통째로 바꿔줄 거야'라는 꿈을 꾸기 쉽습니다. 하지만 많은 심리학 연구들이 '그런 기적은 없다'고 말합니다. 큰 기쁨을 기다리며 지금을 희생하기보다는 소소한 기쁨을 자주, 여러 번 경험하는 사람이 행복합니다.

행복은 마치 다이어트와 같습니다. 다들 한 번씩은 다이어트를 시도해보지만, 결과는 만족스럽지 않습니다. 순식간에 살을 쏙 빼줄 약이나 마술 같은 운동 방법을 열심히 검색해보지만 그런 마법은 세상에 없습니다. 최고의 다이어트 방법은 오직 한 가지뿐입니다. '조금 덜 먹고, 조금 더 움직이기를 얼마나 꾸준히 실천하는가.' 진정한 행복도 다이어트와 같습니다. 조금씩 더 자주 일상 속에서 꾸준히 실천해야 합니다.

추운 겨울 이불 속에서 귤 까먹기

여유로운 휴일에 엎드려 유튜브 보기

맑은 하늘 흘러가는 구름 멍하니 쳐다보기

더운 여름 에어컨 아래에서 아이스 아메리카노 마시기

비 오는 날 핫초코 마시며 창에 비 부딪히는 소리 듣기

진정한 행복은 일상 속에 있습니다. 소소하지만 확실한 행복, 나를 미소 짓게 만드는 일을 매일 꾸준히 실천하세요. 일상 속 소소한 즐거움들이 고장났던 내 마음의 알고리즘을 새것처럼 다시 반짝이게 만들어줄 겁니다.

오늘, 바로 지금, 당신의 행복은 무엇인가요?

Key point

행복을 잃어버리는 가장 확실한 방법은
모든 걸 희생하면서 단 하나를 원하는 것이다.

1-1. 만족스러운 쇼핑이 영원히 불가능한 이유

1 잭 보웬 (2012). 『**범퍼스티커로 철학하기**』 이수경 역, 민음인.

2 소냐 류보머스키 (2013). 『**행복의 신화**』 이지연 역, 지식노마드.

3 Marsha L. R. (2004). The Material Values Scale: Measurement Properties and Development of a Short Form. *Journal of Consumer Research*, *31*(1), 209~219.

1-2. 마음이 슬플수록 쇼핑에 몰두한다

1 Cynthia, E. C., Jennifer, S. L., James, J. G., & Ronald, E. D. (2008), Misery Is Not Miserly: Sad and Self-Focused Individuals Spend More. *Psychological Science*, *19*(6), 525~530.

2 Lejoyeux, M., Tassain, V., Solomon, J., & Adès, J. (1997). Study of compulsive buying in depressed patients. *The Journal of Clinical Psychiatry*, *58*(4), 169~173.

3 진창현 (2011). 인터넷 구매자들의 인지적 욕구, 자기 개념, 개인적 성격의 차이가 충동구매에 미치는 영향에 관한 연구. **한국광고홍보학보, 13**(3), 31~59.

1-3. 행복은 불만을 낳고 불행은 감사를 낳는다

1 Philip, B., Dan, C., Ronnie, B. (1978). Lottery Winners and Accident Victims: Is Happiness Relative?, *Journal of Personality and Social Psychology*, *36*(8), 917~927.

2 Cameron, P., Titus, D. G., Kostin, J., & Kostin, M.(1973). The life satisfaction of nonnormal persons. *Journal of Counseling and Clinical Psychology*, *41*, 207~214.

1-4. 모든 감정에는 유통기한이 존재한다

1 대니얼 길버트 (2006). 『**행복에 걸려 비틀거리다**』 서은국, 최인철, 김미정 역, 김영사.

1-5. 영원한 행복은 없지만, 꾸준한 행복은 있다

1 소냐 류보머스키 (2013). 『**행복의 신화**』 이지연 역, 지식노마드.

1-6. 로또 당첨자와 일반인의 행복도가 똑같은 이유

1 마틴 셀리그먼 (2014). 『**긍정심리학**』 김인자, 우문식 역, 물푸레.

1-7. 잘 사는 나라의 국민이 반드시 행복하지는 않다

1 https://happyplanetindex.org, 신경제재단 세계 행복도 조사 인덱스

1-8. 연봉이 너무 높으면 불행해지는 이유

1 Liu, D. C. (1970). *The quality of life in the United States*. Kansas City, Mo.: Midwest Research Institute.

참고 문헌

2 Schneider, M. (1975). The quality of life in large American cities: Objective and subjective social indicators. *Social Indicators Research*, 1, 495~509.

3 Layard, R. (2005). *Happiness: Lessons from a new science.* NY: Penguin Books, Penguin Group.

4 고혜진, 정해식 (2022). 소득과 행복의 관계에 관한 연구: 근로시간과 근로소득 간의 상호성을 반영하여. **보건사회연구, 42**(1), 217-237.

2-1. 실패해도 좌절하지 않는 사람이 되는 방법

1 Linville, P. W. (1985). Self-complexity and affective extremity: Don't put all of your eggs in one cognitive basket. *Social Cognition, 3*(1), 94~120.

2-3. 불행한 사람들은 성공해도 불행하다

1 Lyubomirsky, S., & Ross, L. (1997). Hedonic consequences of social comparison: A contrast of happy and unhappy people. *Journal of Personality and Social Psychology, 73*(6), 1141~1157.

2-4. 내가 나를 좋아해야 상처받지 않는다

1 Rhodewalt, F., & Tragakis, M. W. (2003). Self-Esteem and Self-Regulation: Toward Optimal Studies of Self-Esteem: Comment. *Psychological Inquiry, 14*(1), 66~70.

2 Mruk, C. J. (2006). Self-Esteem research, theory, and practice: *Toward a positive psychology of self-esteem.* (3rd ed.). Springer Publishing.

2-5. 커다란 꿈을 경계해야 하는 이유

1 James, W. (1983). *The principles of psychology*. Cambridge, MA: Harvard University Press, (Original work published 1890).

3-1. 배려는 지능이다

1 매튜 리버먼 (2015).『사회적 뇌-인류 성공의 비밀』최호영 역, 시공사.

3-2. 진통제는 관계의 통증도 잡아준다

1 매튜 리버먼 (2015).『사회적 뇌-인류 성공의 비밀』최호영 역, 시공사.

2 Nathan, C. D., Geoff, M., Gregory, D. W., Carrie L., M., Roy, F. B., Caitlin P., David, C., David R. S., Tyler, F. S., Dianne, M. T., & Naomi I. E. (2010). Acetaminophen reduces social pain: behavioral and neural evidence, *Psychological Science 21*(7), 931~937.

3 구본용, 유제민 (2005). 성격 및 환경요인과 행복과의 관계, **상담학연구**, **6**(1), 1~9.

4 박은미, 장민희, 정태연 (2011). 내외향성 간 행복정서강도의 차이, **한국 심리학회 연차 학술발표 논문집. 1**, 182~184.

5 마틴 셀리그먼 (2014).『긍정심리학』김인자, 우문식 역, 물푸레,

3-3. 첫인상만 신경 써도 반은 성공이다

1 Asch, S. E. (1946). Forming impressions of personality. *The Journal of Abnormal and Social Psychology, 41*(3), 258~290.

2 Park, B. (1986). A method for studying the development of impression of real people. *Jouranl of Personality and Social Psychology, 51*, 907~917.

3-4. 말주변이 없어도 좋은 관계를 맺는 방법

1 Tanya L. C., John A. B. (1999). The chameleon effect: the perception-behavior link and social interaction. *Journal of Personality and Social Psychology. 76*(6), 893~910.

2 Amodio, D. M., & Showers, C. J. (2005). 'Similarity breeds liking' revisited: The moderating role of commitment. *Journal of Social and Personal Relationships, 22*(6), 817~836.

3-5. 6가지 규칙만 지켜도 관계가 가까워진다

1 Argyle, M., & Henderson, M.(1984). The rules of friendship. Journal of Social and Personal Relationships, 1, 211~237.

4-2. 얼굴만 자주 비춰도 매력이 생긴다

1 Richard, L. M., Scott, R. B. (1992). Exposure effects in the classroom: The development of affinity among students. Journal of Experimental Social Psychology, 28(3), 255~276.

2 Richard L. M., Robert B. Z. (1982). Exposure effects in person perception: Familiarity, similarity, and attraction. Journal of Experimental Social Psychology, 18(5), 395~415.

4-3. 호감은 보여줘야 할까, 감춰야 할까

1 Curtis, R. C., & Miller, K. (1986). Believing another likes or dislikes you: Behaviors making the beliefs come true. Journal of Personality and Social Psychology, 51(2), 284~290.

4-4. 가식적인 웃음을 간파하는 방법

1 Ekman, P., & Friesen, W. V. (1971). Constants across cultures in the face and emotion. Journal of Personality Social Psychology, 17, 124~129.

4-5. 한 번의 만남으로 사랑에 빠지는 이유

1 Mandy Len Catron. (2015, January 1). To Fall in Love With Anyone, Do This. New York Times, page ST6.

4-6. 깊은 관계를 만드는 마법의 대화법

1 Aron, A., Melinat, E., Aron, E. N., Vallone, R. D., & Bator, R. J.(1997). The experimental generation of interpersonal closeness: A procedure and some preliminary findings. *Personality and Social Psychology Bulletin, 23*(4), 363~377.

4-7 이혼을 예측하는 수학 공식

1 김진호 (2015년 5월). **94% 적중률, 이혼도 예측한다.** 주간동아, 989호, 46~47.

2 Gottman, J. M., Murray, J. D., Swanson, C. C., Tyson, R., & Swanson, K. R.(2002). *The mathematics of marriage: Dynamic nonlinear models.* Cambridge, MA, US: MIT Press.

5-1. 노력이 삶을 허무하게 만들 수도 있다

1 Timothy, F. (2007). *The 4-Hour Workweek: Escape 9-5, Live Anywhere, and Join the New Rich*. NY: Crown Business.

5-2. 행복도 저축할 수 있다

1 Nelson, L. D., Meyvis, T., & Galak, J. (2009). Enhancing the television-viewing experience through commercial interruptions. *Journal of Consumer Research, 36*(2), 160~172.

2 Linville, P. W., & Fischer, G. W. (1991). Preferences for separating or combining events. *Journal of Personality and Social Psychology, 60*(1), 5~23.

5-3. 조금 덜 행복한 사람이 되어야 한다

1 Diener, E., Sandvik, E., & Pavot, W. (2009). Happiness is the frequency, not the intensity, of positive versus negative affect. In E. Diener (Ed.), *Assessing well-being: The collected works of Ed Diener* (pp. 213-231). Springer Science, Business Media.

5-4. 싫어하는 일을 해야 더 행복해지는 이유

1 Ratner, R. K., Kahn, B. E., & Kahneman, D. (1999). Choosing Less-Preferred Experiences for the Sake of Variety. *Journal of Consumer Research, 26*, 1~15.

5-5. 즉흥적인 도전이 삶의 만족도를 높인다

1 대니얼 길버트 (2006). 『**행복에 걸려 비틀거리다**』 서은국, 최인철, 김미정 역, 김영사.

2 소냐 류보머스키 (2013). 『**행복의 신화**』. 이지연 역, 지식노마드.

3 Breiter, H. C., Etcoff, N. L., Whalen, P. J., Kennedy, W. A., Rauch, S. L., Buckner, R. L., Strauss, M, M., Hyman, S. E., Rosen., B. R. (1996). Response and habituation of the human amygdala during visual processing of facial expression. *Neuron*, *17*(5), 875~887.

4 Wright, C. I., Fischer, H., Whalen, P. J., McInerney, S. C., Shin, L. M., Rauch, S. L. (2001). Differential prefrontal cortex and amygdala habituation to repeatedly presented emotional stimuli. *Neuroreport: For Rapid Communication of Neuroscience Research*, *12*(2), 379~383.

5-6. 매일 행복하진 않지만, 행복한 일은 매일 있다

1 Seligman, M. E. P., Steen, T. A., Park, N., & Peterson, C. (2005). Positive Psychology Progress: Empirical Validation of Interventions. *American Psychologist*, *60*(5), 410-421.

일도 관계도 술술 풀리는 35가지 심리 법칙

마음의 알고리즘

초판 1쇄 인쇄 2023년 06월 05일
초판 1쇄 발행 2023년 06월 12일

지은이 양곤성
펴낸이 이부연
총괄디렉터 백운호
책임편집 윤다희
디자인 김윤남, 김숙희

펴낸곳 (주)스몰빅미디어
출판등록 제300-2015-157호(2015년 10월 19일)
주소 서울시 종로구 내수동 새문안로3길 30, 세종로대우빌딩 916호
전화번호 02-722-2260
인쇄·제본 갑우문화사
용지 신광지류유통

ISBN 979-11-91731-47-7 03190

"나를 힘들게 하는 삶의 모든 문제는 심리학의 법칙으로 설명할 수 있다!"

동화 속에 숨겨진, 세상에서 가장 재밌는 심리학!

동화 속 주인공에게 배우는 심리학 법칙

- 왕자가 단 몇 분 만에 신데렐라에게 반한 이유 … 헤일로 효과
- 박쥐가 간에 붙었다가 쓸개에 붙었다 하는 이유 … 닻 내림 효과
- 개미가 현재보다 미래의 행복을 선택한 이유 … 만족 지연의 법칙
- 인어공주가 왕자에게 버림받고 물거품이 된 이유 … 만족자의 법칙
- 벌거벗은 임금님에게 아무도 진실을 말하지 못한 이유 … 동조 효과

동화를 꿀꺽해버린 꿀잼 심리학
심리학이 이토록 재미있을 줄이야

── 류혜인 지음 ──

1억 명의 마음을 사로잡은
웨인 다이어의 인생 강의!

자유롭고 충만한 삶을 위한 응원의 메시지!

전 세계
300만 부 판매
화제의 책!

〈뉴욕타임스〉
베스트셀러
1위!

오프라 윈프리가
가장 영감받은
최고의 작가!

★★★★★

"웨인 다이어는 인생의 커다란 질문에 항상 답을 주었다.
그는 세상에 빛을 가져온 사람이다."

– 오프라 윈프리

타인에게 얽매이지 않고 온전한 나로 사는 법
모두에게 사랑받을
필요는 없다

● 웨인 다이어 지음 | 장원철 옮김 ●